Rosetta Loy
Via Flaminia 21

Rosetta Loy

Via Flaminia 21

Meine Kindheit im faschistischen Italien

Aus dem Italienischen
von Maja Pflug

Mehr über unsere Autoren und Bücher:
www.piper.de

Der Verlag und die Übersetzerin bedanken sich bei der Autorin für die
Zusammenarbeit bei der deutschen Übersetzung.

Neuauflage einer früheren Ausgabe
ISBN 978-3-492-55007-9
Februar 2018
© Piper Verlag GmbH, München 2017
© Giulio Einaudi editore s.p.a., Torino 1997
Die italienische Originalausgabe erschien unter dem Titel »La parola
ebreo«, Giulio Einaudi editore s.p.a., Torino
© der deutschsprachigen Ausgabe: Piper Verlag GmbH, München 1998
Covergestaltung: zero-media.net, München
Coverabbildung: FinePic®, München
Printed in Germany

Wenn ich in der Zeit zurückgehe und daran denke, wann das Wort »Jude« in meinem Leben aufgetaucht ist, sehe ich mich auf einem blauen Stühlchen im Kinderzimmer sitzen. Einem Zimmer mit Pfirsichblütentapete, die an mehreren Stellen bekritzelt ist; es ist später Frühling, und das hohe Fenster, das auf den steinernen Balkon hinausgeht, steht weit offen. Ich kann in die Wohnung auf der anderen Straßenseite hineinsehen, wo sich die Vorhänge vor den geöffneten Scheiben im Luftzug bewegen. Drüben findet ein Fest statt, man sieht Leute hin und her gehen. Vor kurzem ist dort ein Kind auf die Welt gekommen, das Fest gilt ihm. »Eine Taufe?« frage ich. »Nein«, sagt die Frau, die neben mir sitzt, auch sie auf einem Stühlchen, in dem ihr Körper eingezwängt ist wie ein Ball. »Nein«, wiederholt sie, »bestimmt nicht.« Es ist Annemarie, mein deutsches Kinderfräulein. »Die sind Juden«, fügt sie hinzu und deutet mit dem Kinn zum Fenster. »Sie taufen die Kinder nicht, sie beschneiden sie.« »Beschneiden« hat sie mit einer Grimasse des Ekels gesagt. Das Wort ist mir unverständlich, aber es enthält jenes »Schneiden«, das ich gut kenne. »Was?« frage ich ungläubig. »Sie schneiden ihnen ein Stückchen Fleisch weg«, antwortet sie kurz angebunden. »Mit der Schere ...?« flüstere ich. Ich sehe Blut, ein Meer von Blut, das das Steckkissen durchtränkt. Die Erklärung ist vage, aber schrecklich, Annemarie spielt auf irgend etwas am Körper an, was ich nicht verstehe, während sie mit strenger Miene durch die Scheiben blickt. »Vielleicht mit der Schere, ja, das weiß ich nicht ...«, sagt sie auf deutsch.

Drüben an den Fenstern sehe ich Mädchen mit Schleifen im Haar vorbeigehen, ähnlich wie meine, Damen mit Perlen um den Hals in enganliegenden weichen Jerseykleidern, wie auch Mama sie trägt. »Sind Juden«, wiederholt Annemarie; und der Blick ihrer schönen himmelblauen Augen ruht streng auf einem Dienstmädchen, das ein Tablett herumreicht. Vielleicht liegt zwischen den Teetassen versteckt das Stückchen Fleisch, das sie dem Neugeborenen abgeschnitten haben. Ein Fingerchen, ein Fetzen Haut.

Auch Signora Della Seta ist Jüdin. Sie wohnt neben uns, eine alte Frau, so jedenfalls kommt es mir vor. Wenn ich krank bin, besucht sie mich, ich habe Fieber, und mein Körper verschwindet in dem großen Ehebett im Schlafzimmer von Mama. Signora Della Seta hat ihre grauen Haare in einem Netz zusammengefaßt. Sie bringt mir ein Geschenk mit. Ein mit blauem Atlas ausgeschlagenes Körbchen, in dem zwei am Futter angenähte Gummibänder ein Zelluloidpüppchen halten; an einem weiteren Gummiband ist ein winziges Fläschchen mit roter Spitze befestigt. Ich finde das Geschenk wunderschön: ein Höschen und ein Strickjäckchen sind auch noch dabei. Ich vergöttere Signora Della Seta, auch wenn sie Jüdin ist.

Ein Stockwerk über uns wohnen die Levis. Sie machen mehr Lärm, oft hört man jemanden Klavier spielen, und die Mutter hat dunkle, sehr glänzende Augen. Sie sind nicht so freundlich wie Signora Della Seta, und wir begegnen uns nur im Treppenhaus oder im Aufzug. Sie bringen mir keine Geschenke. Die sind auch Juden, sagt Annemarie. Manchmal klingelt Giorgio Levi bei uns an der Tür und holt meinen Bruder zum Fußballspielen im

Park der Villa Borghese ab. Giorgio ist ein Jahr älter, hoch aufgeschossen, mit dunklen, lockigen Haaren und dem fröhlichen Blick dessen, der es kaum erwarten kann, die Treppe hinunterzustürzen und sich den Spielgefährten anzuschließen. Nach der Rückkehr beklagt sich mein Bruder, während er sich im Bidet die Füße wäscht, daß Giorgio überheblich ist und ihn mit dem Ellbogen in die Seite stößt, wenn er ihm nicht schnell genug den Ball zuspielt. Im Kindergarten zeigt uns Mater Gregoria die farbigen Illustrationen in der Bibel. Sie hat runde, rote Bakken, ist klein, sitzt wie wir auf einem Stühlchen und trägt ein langes Kleid aus weißer Wolle, dessen Falten sich auf dem Boden ausbreiten. Auf der Brust hat sie ein gesticktes rotes durchbohrtes Herz, das an die Leiden Christi erinnern soll. Auf der Abbildung, die sie mit ihren rundlichen Händen vor unseren Augen kreisen läßt, hebt Abraham das Schwert, um Isaak zu töten. Isaak ist Abrahams Sohn; aber zum Glück kommt der Engel und hält Abraham auf. Abraham und Isaak sind Juden. Auch die sieben Makkabäerbrüder sind Juden, sie sterben in den Flammen, um Gott nicht zu verleugnen. Gott war damals herzlos, doch dann ist zum Glück Christus auf die Erde gekommen, der gütig und wunderschön ist. Lange braune Haare hat er und blaue Augen. Jeden Morgen, wenn ich im Kindergarten ankomme, ist er da und erwartet mich, und seine rosige Gipshand zeigt auf das offene Herz in der Brust, von dem einige Blutstropfen herunterrinnen. Das Herz ist der Ort der Liebe: Christus liebt uns. Wir sind Christen, ich bin in der Peterskirche getauft worden, und meine Patin ist Signora Basile. Sie ist alt wie Signora Della Seta, aber viel dünner. Mit ihrem langen Hals und dem kleinen Kopf ähnelt sie einem Vogel Strauß. Als sie einmal zu Besuch kam, hat mein Bruder die Wohnzimmertür geöffnet und gesagt: »Signora Basile hat einen Schnurrbart.« Dann ist er weggelaufen. Es stimmt, die langen, grauen, ein wenig stacheligen Härchen auf ihrer Oberlippe kratzen mich jedesmal an der Wange, wenn sie sich herunterbeugt, um mich zu küssen. Sie hat sehr sanfte runde Augen und ist auch an jenem Nachmittag nicht wütend geworden, als mein Bruder sie aus Angeberei beleidigt hat. Zur Taufe hat sie mir ein Goldkettchen mit einem Medaillon mit der Madonna von Pompeji geschenkt, an dem ich lutsche, wenn ich im Dunkeln im Bett liege. Zu Weihnachten organisiert Signora Basile jedes Jahr eine Wohltätigkeitslotterie für die Armen der Pfarrei. Pilatus war Römer, und die Pharisäer und die Schriftgelehrten waren Juden. Auch Herodes war Jude und auch Kaiphas. Auch Barrabas. Alle außer den Zenturionen waren Juden.

Wenn ich nicht in den Kindergarten gehe, bringt mich Annemarie nach Valle Giulia auf einen abgelegenen Platz neben der Galerie für Moderne Kunst. Ich bin immer dick eingemummt mit Schal und wollener Baskenmütze, denn ich bin nicht so robust wie meine Schwester Teresa. In den Anlagen von Valle Giulia ist fast niemand, aber ich darf sowieso nicht mit anderen Kindern spielen, sonst könnte ich deren Krankheiten aufschnappen. Nicht weit von den Bänken hockt manchmal noch ein anderes kleines Mädchen, wie ich zur Einsamkeit verurteilt, und stochert mit einem bunten Schäufelchen im Kies. Ich sehe ihr weißes Höschen, ein Petit-bateau-Höschen, genau so eins, wie Annemarie es mir jeden Morgen anzieht. Ich kauere mich auch auf den Boden und betrachte sie. Sie ist blond, und die Haare ringeln sich um ihr Gesicht mit der sehr hellen Haut. Ich möchte gern ihr Schäufelchen haben. Am Hals trägt sie einen goldenen Stern. Annemarie ruft mich, sie unterhält sich mit der Gouvernante des kleinen Mädchens: Die Kleine ist sehr reich, heißt es. Vielleicht kann ich mit ihr spielen. Ich schaue ihr weiter zu, wie sie Kies aufhäuft; der baumelnde, im Sonnenlicht aufblitzende Stern fasziniert mich. Ich frage, ob ich ihn berühren darf. »Nein«, antwortet sie, »darfst du nicht.« Sie will nicht, daß ich ihr zu nahe komme. Auf dem Heimweg rede ich mit Annemarie über den Stern. »Das ist ein Davidsstern«, sagt sie. Mater Gregoria hat uns ein Bild von David gezeigt, wie er einen Stein auf Goliath schleudert. Das kleine Mädchen, erklärt Annemarie, trägt statt des Medaillons mit der Madonna oder dem Jesuskind einen sechszackigen Stern um den Hals. Sie hat es zwar nicht gesagt, aber ich habe verstanden, ich weiß nicht warum, daß die Kleine Jüdin ist. Sofort denke ich an die Schere und das Blut. »Haben sie sie auch geschnitten?« frage ich. »Was redest du da? Was sollen sie schneiden?« Annemarie hat deutsch gesprochen. Ich muß auch deutsch sprechen, sonst antwortet sie mir nicht mehr. Der Stern erscheint mir jetzt sehr geheimnisvoll. Ich beneide das kleine Mädchen, das ihn statt meines langweiligen Medaillons trägt.

Das bin ich im Winter 1936. In einem meiner Bücher, das von den Abenteuern eines katholischen Jungen erzählt, der von Ungläubigen bedrängt wird, damit er Jesus verleugnet, gibt es besonders böse Freimaurer. Der Junge wird auf ein Schiff gebracht und trifft dort auf einen Juden, der auch sehr böse ist. Alle wollen dem Jungen seinen Glauben nehmen, aber er widersteht und betet zur Madonna. An einer bestimmten Stelle verliert er fast sein Augenlicht. Dieses Buch gefällt mir nicht, es ist dumm und grausam. Mir gefällt das Buch vom Sandmann, der den Kindern Silberstaub auf die Lider streut und sie dann ins Land der Träume bringt. Auch das Buch, in dem man sieht, wie die Befana, die Fee, die den Kindern zu Dreikönig Geschenke bringt, sich nachts im Schnee abmüht und durch die Kamine in die Häuser hinunterrutscht, gefällt mir. Ich habe blindes Vertrauen in die Befana, obwohl es in Rom keinen Schnee gibt und wir auch keinen Kamin besitzen.

Doch bevor ich wieder zu dem kleinen Mädchen auf dem blauen Stühlchen zurückkehre, das aufmerksam aus dem Fenster sieht, möchte ich einen Augenblick innehalten und noch einmal an dem Punkt beginnen, als die Kleine im IX. Jahr der Faschistischen Ära, in der Via Flaminia 21, im – wegen der weinfarbenen Tapete – sogenannten »roten« Zimmer auf die Welt kam. Einige Tage später, während der Fahrt fallen ein paar Regentropfen auf die Windschutzscheibe des Autos, wird sie zur Taufe in die Peterskirche gebracht. Das vierjährige Brüderchen und die beiden kleinen Schwestern (die Jüngste ist kaum fünfzehn Monate alt) begleiten sie in der Obhut von Ammen und Gouvernanten, und über dem Taufbecken erhält sie, zusammen mit den anderen Namen, auch den Namen Pia zu Ehren des Papstes, unter dem sie geboren ist: Pius XI.

Im November desselben Jahres zwingt ein Rundschreiben des Kultusministeriums die Hochschullehrer zum Treueschwur auf den Faschismus. Von 1200 Dozenten leisten 1188 den Schwur und verpflichten sich, nach den Prinzipien der faschistischen Doktrin zu lehren; nur zwölf verzichten auf ihren Lehrstuhl.

Aus dem Jahr 1931 stammt auch der neue Roman eines geschätzten und berühmten Schriftstellers, Giovanni Papini, eines florentinischen Literaten von großem Talent und ausgeprägten intellektuellen Fähigkeiten, der in den ersten Jahren des Jahrhunderts als »Häretiker« galt. Aber 1921, nachdem er sich öffentlich zum Katholizismus bekannt hatte, schrieb er *Storia di Cristo*, eine Romanbiographie, die die Legende vom Ewigen Juden wieder aufnimmt, um darin »eine Wahrheit, die fürchterlicher ist als die historische«, aufzuzeigen. Die Unsterblichkeit von Buttadeo, dazu verdammt, endlos zu wandern, ist in der Tat für Papini das Schicksal der Juden, die in alle Ewigkeit vom Blut Christi befleckt sind: mit der Diaspora bestraft, von den anderen Menschen isoliert, bestehen die Nachkommen derer, die den Sohn Gottes töteten, noch immer hartnäckig darauf, sich nicht zu bekehren. Papini erzählt auch, wie diese endlos Umherirrenden dann »ein neues Vaterland im Gold gefunden« hätten, während andere, die aus den »slawischen Ghettos« kommen, »schmutzig und schmierig«, noch heute »die lebendige Gestalt des echten Buttadeo« verkörperten. Von diesem Thesenroman, der bei seinem Erscheinen viele Polemiken auslöste, wurden aber in einem Jahr 70 000 Exemplare verkauft und er wurde ins Französische, Englische, Deutsche, Polnische, Spanische, Rumänische, Holländische, Finnische usw. übersetzt.

Das neue Buch mit dem Titel *Gog*, nach dem abgekürzten Namen der Hauptfigur, stellt sich dar als eine Reihe fiktiver Interviews, die ein reicher, exzentrischer amerikanischer Geschäftsmann durchführt, um herauszufinden, »an welchen geheimen Krankheiten die heutige Zivilisation leidet«. Papini läßt seinen Protagonisten Persönlichkeiten wie Gandhi, Freud, Edison, Shaw und noch eine ganze Reihe anderer Großer dieses Jahrhunderts interviewen. So kommt es auch zur Begegnung mit dem Prototypen des Juden, verkörpert durch Benrubi, Gogs Sekretär: »Ein schmächtiger junger Mann mit leicht hängenden Schultern, hohlen Wangen, tiefliegenden Augen, schon leicht ergrauten Haaren, einer Hautfarbe, grünlich wie schlammiger Sumpf … und dem Ausdruck eines Hundes, der fürchtet, geschlagen zu werden, aber doch weiß, daß er gebraucht wird.« Angeregt von den Fragen seines Herrn über den jüdischen Kleinmut, ergeht sich Benrubi in einer weitschweifigen Erklärung über die Gründe: »Da sie kein Eisen verwenden konnten, schützten sich die Juden, so gut es ging, mit Gold … Der Jude, aus Notwehr zum Kapitalisten geworden, fand sich infolge des moralischen und mystischen Verfalls Europas unversehens als einer der Beherrscher der Erde wieder … als Herrscher über Reiche und Arme … Auf welche Weise konnte sich der getretene, angespuckte Jude an seinen Feinden rächen? Indem er die Ideale der Gojim erniedrigte, entwürdigte, entlarvte und zersetzte. Indem er die Werte zerstörte, von denen die Christenheit zu leben behauptet. Und bei genauem Hinsehen hat die jüdische Intelligenz tatsächlich seit einem Jahrhundert nichts anderes getan, als eure teuersten Glaubenssätze zu untergraben und in den Schmutz zu ziehen … Seit die Juden frei schreiben dürfen, drohen alle eure geistigen Gerüste einzustürzen.« Benrubi zählt dann eine Reihe von Personen wie Marx, Heine oder Lombroso auf, Zerstörer der Werte der Christenheit, um zu schließen: »Inmitten verschiedener Völker geboren, mit unterschiedlichen Forschungen befaßt, haben alle [Juden], Deutsche wie Franzosen, Italiener wie Polen, Dichter wie Mathematiker, Anthropologen wie Philosophen einen gemeinsamen Charakter, ein gemeinsames Ziel: die anerkannten Wahrheiten in Zweifel zu ziehen, zu erniedrigen, was hoch ist, zu beschmutzen, was rein zu sein scheint, ins Wanken zu bringen, was festgefügt erscheint, zu steinigen, was geachtet wird.« (*Gog* wird im April 1943 vom Rundfunk der Vichy-Regierung für eine Propagandasendung ausgewählt; und im selben Jahr verwendet es eine Schule für Offiziersanwärter der faschistischen Republik von Salò als Unterrichtstext in einem Antisemitismus-Kurs.)

Doch obwohl Papini in meiner Familie hoch geschätzt wird und *Storia di Cristo* und *Gog* im Bücherregal auf dem Flur neben den Napoleon-Biographien und den Romanen von Bourget und Fogazzaro stehen, ist meine Familie nicht faschistisch und auch nicht rassistisch. Einige Bestürzung könnten die Bücher von Ugo Mioni hervorrufen – einem Priester, der als der katholische Salgari bezeichnet wird –, die uns trotz ihrer unzweifelhaft antisemitischen Geisteshaltung vorgelesen werden. Aber die ihm zugestandene Vorliebe hat gewiß religiöse Gründe.

Mein Vater ist bei den Barnabiten in Lodi zur Schule gegangen, ein Internat, in das er mit zehn Jahren eintrat, um es mit achtzehn zu verlassen, abgesehen von den drei Wochen Ferien pro Jahr, die er in der Familie verbrachte. Wenn er von jener Zeit erzählt, sind wir jedesmal entsetzt und auf unbestimmte Weise verängstigt. Durch seine Worte werden die Kinder wieder lebendig, sitzen in einer Reihe auf den Betten im Schlafsaal und warten auf den Schuldiener, der ihnen die hohen schwarzen Stiefelchen ausziehen muß. Rasch geht er vorbei und zieht so kräftig, daß die Buben auf den Boden rutschen, und jedesmal scheint es, als würden mit den Stiefelchen auch die Füße weggerissen. Das Waschwasser im Krug ist morgens von einer hauchdünnen Eisschicht bedeckt. Fangenspielen ist den Schülern nur unter der Bedingung erlaubt, daß sie sich nicht anfassen, das darf nie geschehen, sie dürfen sich nur mit einem Seil berühren, das die Größeren in den Brunnen im Hof legen, bis es gefriert und hart wie ein Stock wird, mit dem sie dann heftig auf die Kleineren einschlagen. Quälend ist das Warten auf den Besuch der Mutter, die einmal im Monat kommt. An nebligen Morgen machten ihn Kälte und Dunkelheit manchmal so schwermütig, daß er sich krank meldete und lieber den ganzen Tag ohne Essen allein in einem Bett im Krankenzimmer verbrachte.

Doch nach kurzer Zeit hatte sich der respektlose, liederliche kleine Junge, der die Schule schwänzte, um im Po zum Baden zu gehen, in einen Musterschüler verwandelt, der am Ende der Gymnasialzeit eine »ehrenvolle Erwähnung« bekam, eine Auszeichnung, die es mit sich brachte, daß sein Ölbild in die Internatsgalerie aufgenommen wurde. Danach hatte er in Turin das Polytechnikum besucht und seine Leidenschaft für das Studium und die Politik entdeckt. Fast unmittelbar war er dem Partito Popolare, der Volkspartei, beigetreten, und zusammen mit seinem Freund Fioravanti wurde er zum begeisterten Anhänger von Don Sturzo, dem Gründer der Partei. Im Krieg 1915–18 war er gegen eine italienische Intervention in Österreich und wurde zu seinem Glück wegen einer schwachen Brust zurückgestellt. Gegen den Faschismus war er vom ersten Augenblick an allergisch. Er hatte sich bereits als Ingenieur mit dem Bau von Häusern, Brücken und Straßen einen Namen gemacht, und in seinem Optimismus glaubte er an ein Strohfeuer. Noch

14

nach der Ermordung Matteottis durch die Faschisten hoffte er auf einen raschen Niedergang Mussolinis. Statt dessen geschah genau das Gegenteil. Daraufhin ließ mein Vater, um in seinem Büro die Geschwätzigkeit der begeisterten Anhänger des neuen Regimes einzudämmen, im Vorzimmer ein Schild anbringen mit der Aufschrift »In diesem Büro wird nicht über Politik gesprochen«. Er heiratete spät: Mama ist dreizehn Jahre jünger als er.

In der Folge mußte er, wenn er weiterarbeiten wollte, wie die große Mehrheit der Italiener in die Nationale Faschistische Partei eintreten und das Abzeichen am Revers seines Jacketts tragen. Aber er besitzt keinerlei faschistische Uniform; bei den seltenen Gelegenheiten, zu denen er das schwarze Hemd anziehen muß (ein Richtfest, der Besuch irgendwelcher Autoritäten bei einer gerade fertiggestellten Straße oder Brücke), beobachteten wir Kinder voll Vergnügen seine spöttische Mimik vor dem Spiegel. Sein großer Freund aus den Zeiten des Partito Popolare ist weiterhin der Ingenieur Fioravanti, der es vorgezogen hat, im Ausland zu arbeiten, anstatt Mitglied irgendeiner Partei zu werden.

Eine von Mamas besten Freundinnen hat einen Juden geheiratet, Baron Castelnuovo; und Signora Della Seta sitzt oft bei uns im Wohnzimmer zum Tee im gleichen Sessel, in dem auch Signora Basile Platz nimmt. Mama geht gern in Geschäfte, die jüdische Namen wie Coen oder Piperno haben. Mit am liebsten kauft sie bei Schostal. Und unser Kinderarzt ist Professor Luzzatti, der Arzt des Königshauses. Lauter *Volljuden*, wie Hitler sagen würde.

Das erste tragische Ereignis für die italienischen Juden war in der Tat die Machtergreifung Hitlers 1933. Etwas ganz Neues hat sich in der Vorstellung der vierundvierzig Millionen Einwohner der Halbinsel einen Weg gebahnt. Der Schlagstock und das Rizinusöl des Faschismus wurden allmählich überlagert von der Todes- und Opferchoreographie des Hakenkreuzes, während sich zum Antisemitismus religiösen Ursprungs (der mit hoher Wahrscheinlichkeit im Lauf der Zeit schwächer geworden wäre) der Haß und Fanatismus einer neuheidnischen Mystik gesellten. Der Erlaß gegen die Juden vom 29. März 1933, weniger als zwei Monate nach Hitlers Ernennung zum Reichskanzler, teilte die deutschen Bürger in Arier und Nichtarier (ein jüdischer Großvater genügte, um Nichtarier zu sein). Und während die Restriktionen in den ersten Verordnungen noch unterschiedslos Mischlinge und Volljuden betreffen, wird den Volljuden sehr bald eine Behandlung vorbehalten, die sie aus dem gesellschaftlichen Leben ausschließt – und zuletzt aus dem Leben selbst. Schon Ende 1933 sind sie Gegenstand der »Säuberungen«, mit denen das Land *judenrein* gemacht werden soll. Erst später, mit dem Krieg, wird sich diese Behandlung auch auf die anderen ausdehnen.

Aus dem Jahr 1933 stammt auch das Konkordat zwischen der Kirche und dem Dritten Reich, befürwortet und unterzeichnet vom Staatssekretär Kardinal Eugenio Pacelli.

Auf der Sitzung des Reichskabinetts am 14. Juli, wie man dem Sitzungsprotokoll entnehmen kann (C. I., Doc. 362) gibt der soeben gewählte Reichskanzler Hitler, der einen Staat regiert, in dem etwa dreißig Millionen Katholiken leben, seiner Erleichterung Ausdruck: »Dieses Reichskonkordat, dessen Inhalt mich überhaupt nicht interessiert, schafft uns eine Vertrauenssphäre, die bei unserem kompromißlosen Kampf gegen das Internationale Judentum sehr nützlich ist ...«

Die deutschen Bischöfe haben die Nachricht günstig aufgenommen, denn sie schützt sie vor möglichen nationalsozialistischen Repressalien und erlaubt es ihnen, nun offen mit dem neuen Mann des neuen Deutschlands zu sympathisieren. Die einzige Ausnahme bildet der Bischof von München, Faulhaber, der nicht zögert, von der Kanzel der Kirche, in der er viele Jahre später beigesetzt wurde, gegen die Schikanen zu wettern, denen die Juden ausgesetzt sind. Doch seine Adventspredigten über »Judentum, Christentum und Germanentum« finden keinerlei Echo, auch wenn sie von einer so großen Menge von Gläubigen verfolgt werden, daß Lautsprecher aufgestellt werden müssen, damit sie noch in zwei weiteren Kirchen zu hören sind. Seine Anklage bleibt isoliert, und die deutsche katholische Kirchenhierarchie sieht keinen Anlaß, Stellung zu nehmen. (In Italien werden Faulhabers Predigten 1934 vom katholischen Verlag Morcelliana in Brescia in der Übersetzung von Giuseppe Ricciotti veröffentlicht. Don Ricciotti wird auch das warnende Vorwort verfassen.)

In Frankreich herrscht auf seiten der Katholiken größere Aufmerksamkeit. Das belegen die Schriften und Reden von Jacques Maritain und Oscar de Ferency, die Erklärungen des Oratorianers Marie-André Dieux, der im April 1933 auf einer Solidaritätskundgebung für die deutschen Juden das Bedürfnis verspürt zu erklären, daß eine »Wiedergutmachung ... der Ungerechtigkeiten, die in der Vergangenheit von Menschen meines eigenen

Glaubens begangen wurden«, notwendig sei. Doch darf man sich keine zu großen Illusionen machen. Auch in Frankreich handelt es sich letztlich um vereinzelte Initiativen. Die Mehrheit des Klerus und der Gläubigen vernimmt kaum einen schwachen Klang davon.

Doch kehren wir zu dem kleinen Mädchen zurück, das neben Annemarie im Zimmer mit der Pfirsichblütentapete sitzt. Annemarie malt für sie in ein Album die Bilder aus dem *Struwwelpeter* ab. Sie kann gut zeichnen, und der Bleistift skizziert die Umrisse des großen Nikolas, der die Kinder in Tinte taucht, weil sie einen kleinen Schwarzen wegen seiner Hautfarbe gehänselt haben. Von den Haarspitzen bis zur Schuhsohle schwarz kommen die Kinder aus dem riesigen Tintenfaß wieder heraus. Schwarz ist sogar der Kringel, den sie in der Hand halten, während sie fröhlich hinter dem kleinen Schwarzen hergehen, der sich nun nicht mehr von ihnen unterscheidet.

Am Nachmittag, wenn mein Bruder mit den Hausaufgaben fertig ist, marschieren wir in seinem Gefolge um den Teppich im Eingang und singen »Faccetta nera, bella abissina, aspetta e spera che già l'ora si avicina …« – »Schwarzes Gesichtchen, schöne Abessinierin, warte und hoffe, die Stunde ist nah …« Von Kopf zu Kopf wandert der Fes aus violettem Samt, von dem eine zerfledderte Troddel baumelt. Am besten jedoch kann sich unser Gesangsrepertoire im Frühling entfalten. Auf der Autofahrt nach Ostia, wo wir zur Stärkung unserer Bronchien die salzige Meeresluft einatmen sollen, erheben sich unsere Stimmen mit erlesenen patriotischen Hymnen. Während draußen auf der Straße zum Meer die Platanen vorüberziehen und Francesco, der Chauffeur, sorgsam die Trennscheibe schließt, um nicht taub zu werden, gehen wir vom Jubelgesang über die aufgehende Sonne »Sole che sorgi libero e giocondo, sui colli nostri i tuoi cavalli doma …« – »Sonne, die frei und heiter aufgeht, auf unseren Hügeln reitest du deine Pferde zu …« über zu den melancholischen Strophen von »Tu non vedrai nessuna cosa al mondo, maggior di Roma, maggior di Roma …« – »Nichts wirst du von der Welt sehen, Major von Rom …« Ein sehr trauriges Ende, weil alles vermuten läßt, daß der »Major von Rom« (im Rang unserem Duce, dem Reichsmarschall, gewiß unterlegen) sich eines schweren Vergehens schuldig gemacht hat und nun für immer im Kerker hinter Gittern schmachtet, dazu verurteilt, nichts mehr zu sehen. Zum Glück kommt dann immer der Augenblick, in dem wir singen »Roma rivendica l'Impero, e l'ora dell'acquila suonò, squilli di trooomba salutan il vol …« – »Rom rächt das Reich, und die Stunde des Adlers schlägt, Rufe des Horns grüßen den Flug …«, eine Hymne, die mir licht und aufregend erscheint.

Doch von einem Tag zum anderen dürfen wir nicht mehr *Faccetta nera* singen, der Fes wird konfisziert und unter den Spielsachen in der Truhe im Eingang begraben. Domenico, der Portier, hat Annemarie erklärt, daß das Lied verboten ist, weil es mit seinen einladenden Worten an die »schöne Abessinierin« die Reinheit der arischen Rasse bedroht, der wir angehören. Daher betrachte ich jetzt, wenn ich mit Italia zum Bäcker gehe, um Ölbrötchen zu kaufen, das Negerlein aus bemaltem Eisen, das eine kleine Büchse in den Händen hält, mit einer gewissen Scheu. Wenn ich eine Münze hineinstecke, und es genügen schon zehn Centesimi, nickt das Negerlein mit dem Kopf. »Es dankt dir«, sagt die Kassiererin. Es ist für das »schwarze Gesichtchen«, auch wenn Italia darauf beharrt, daß es sich um das Negerlein der Mission handelt.

Die Mission ist bei uns zu Hause sehr wichtig. Man spricht oft darüber, und manchmal nimmt sie Gestalt an in den Priestern mit langem Bart, die im Wohnzimmer Kaffee trinken. Sie kommen von sehr weit her und bringen Schachteln aus Sandelholz und Kruzifixe mit Perlmuttintarsien, Rosenkränze aus Olivenholz aus Gethsemani zum Geschenk mit oder Tigerfelle mit Krallen an den Pfoten und aufgerissenen Lefzen, die kalten Augen aus Glas. Bevor sie wieder gehen, segnen sie uns Kinder, indem sie uns die Hand auf den Kopf legen; und einmal nach Afrika zurückgekehrt, senden sie uns Photos, auf denen sie weißgekleidet vor ihrer neugebauten Holzkirche zu sehen sind.

1937 ist Hitler seit vier Jahren an der Macht, und die ersten Konzentrationslager in Deutschland haben neben der Abteilung für politische Häftlinge auch eine Abteilung für Juden, die in der Mehrheit der »Schändung arischer Mädchen« angeklagt sind. Die Weitblickenderen haben, wenn es ihnen möglich war, anderswo ein neues Leben begonnen. Doch Emigrieren wird zu einem gefahrvollen Abenteuer: Die Juden dürfen immer weniger mitnehmen, zuletzt nur höchstens acht Prozent ihres Vermögens. Und ohne Geld will sie niemand haben. Im März erläßt Pius XI. gegen das Neuheidentum der Nazis die Enzyklika *Mit brennender Sorge*. Und im Abstand von fünf Tagen verurteilt er mit der Enzyklika *Divini Redemptoris* auch den atheistischen und materialistischen Kommunismus aufs schärfste.

Einige Tage nach der Veröffentlichung der Enzyklika *Mit brennender Sorge* greift Kardinal Mundelein von Chicago Hitler heftig an. Pius XI. unterstützt ihn; und Staatssekretär Pacelli sieht sich gezwungen, dem deutschen Botschafter im Vatikan, Diego von Bergen, Trost zuzusprechen.

1937 erscheint auch, herausgegeben von Julius Evola, eine Neuausgabe der *Protokolle der Weisen von Zion*. Das Buch hat eine lange, verworrene Geschichte. Die 1903 in Petersburg erschienene Erstausgabe soll in Wirklichkeit die Übersetzung eines ursprünglich 1897–98 in Paris verfaßten Textes sein, der Bericht (bzw. die Protokolle) von 22/24 Sitzungen einer sozialpolitischen Tagung, die heimlich während des zionistischen Kongresses 1897 in

Basel abgehalten wurde. Die Sitzungen enthüllen angeblich den breitangelegten, geheimen Plan zur Eroberung der Weltherrschaft seitens der Juden. Die sogenannten Protokolle sind in Wirklichkeit eine Ausgeburt der Phantasie von Geheimagenten der zaristischen Polizei, und in Rußland finden sie vor allem nach der Edition von 1905 Verbreitung, als sie in das Werk des Mystikers Sergej Aleksandrovitsch Nilus aufgenommen werden: *Großes im Kleinen. Aufzeichnungen eines Orthodoxen.* Doch erst nach der Revolution, als die Weißrussen das Buch in den Westen mitnehmen, erlangen die *Protokolle* große Bekanntheit. Zwischen 1920 und 1921 werden sie auch in Deutschland, England, Frankreich, Polen, Ungarn, Jugoslawien und Italien veröffentlicht; und die bolschewistische Revolution erscheint als die erste Etappe des geheimen Plans zur Erlangung der jüdischen Vorherrschaft.

Dann entdeckt der Journalist Philip Graves 1921, daß die *Protokolle* nichts anderes sind als ein Plagiat und eine Nacherzählung der Schmähschrift gegen Napoleon III.: *Dialogue aux Enfers entre Montesquieu et Machiavel*, verfaßt von Maurice Joly und gedruckt 1864 in Brüssel. Doch dies dient nicht dazu, die Verbreitung der *Protokolle* und den Erfolg zu verhindern, den sie fast überall haben.

Nicht in Italien. Als sie 1921 zum erstenmal in zwei verschiedenen Editionen erscheinen, herausgegeben von Giovanni Preziosi und Umberto Benigni, einem integralistischen Priester, bleiben sie fast unbemerkt. Die Neuausgabe von 1937 dagegen findet sofort großen Anklang und ist in drei Monaten vergriffen. Umsonst bezieht sich Jacques Maritain auf die *Protokolle* in einem bekannten, in der Reihe »Présence« veröffentlichten Essay aus dem Jahre 1937, *L'impossible antisémitisme*, und fordert dazu auf, über den Antisemitismus einer bestimmten katholischen Tradition nachzudenken, der im Widerspruch zum christlichen Denken stehe. Auch ein berühmter Artikel des Jesuitenpaters Charles in der »Nouvelle Revue Théologique« in Louvain vom Januar 1938 kann nicht mehr ausrichten. Und doch schrieb Pater Charles, nachdem er die Fälschung der *Protokolle* analysiert hatte, abschließend: »Die Juden, die man für diese *Protokolle* verantwortlich machen wollte, sind nur deren Opfer, und zwar unschuldige Opfer.«

In die dritte italienische Ausgabe von 1938 wird dann, unter dem Titel *Die Juden in Italien*, ein neues Kapitel mit der alphabetisch geordneten Liste (und man kann sich vorstellen, in welcher Absicht) von 9800 jüdischen Familien aufgenommen.

Die kleinen Mädchen, die im Sommer jenes Jahres 1937, hinter riesigen Margeriten aus Kreppapier versteckt, auf Herrn Stuflessers Terrasse in Ortisei photographiert werden, feiern am 15. August die Rückkehr von Papa und Mama von einer Deutschlandreise. Die Eltern erzählen, sie seien auf den wunderbaren neuen von Hitler in Auftrag gegebenen Autobahnen gefahren, auf denen der Astura ohne die geringste Erschütterung dahinglitt. Sie erzählen auch, sie hätten die Ordnung und die Disziplin und Sauberkeit eines Volkes bewundern können, das bewiesen habe, außerordentliche organisatorische Fähigkeiten zu besitzen. Sie erzählen uns nichts von den riesigen Spruchbändern kurz vor Rosenheim, bald nach dem Überqueren der Grenze zwischen Österreich und Bayern, auf denen weithin sichtbar geschrieben steht: *Wir wollen keine Juden.*

Die Parole in Frakturschrift, schwarze Buchstaben auf gelbem Grund, hat meinen Bruder, der auch mitgefahren war, sehr beeindruckt; doch ihn, blond und stolz auf sein Italienertum, betraf das ja zum Glück nicht. Er ist zehn Jahre alt, und nachdem er in München die Wachen vor der Feldherrnhalle bewundert hat, überwältigt vom kriegerischen Aussehen der schwarzgekleideten SS-Männer, so regungslos, als wären sie aus Stein, hat er die Eltern gedrängt, ihm einen Spielzeughelm mit Hakenkreuz zu kaufen. Mit diesem Helm auf dem Kopf hat er sich während einer Rast an einer der berühmten Autobahnen mit zum nationalsozialistischen Gruß erhobenem Arm photographieren lassen. Seltsame Scherze der Kamera, die eine unbewußte Geste oder eine Laune des Augenblicks für immer festhalten kann? Übermäßige Nachsicht der Eltern, plötzliches Vergessen – oder was sonst?

Als ihm aber im Winter einer der vielen Missionare, die zu Besuch kommen, liebevoll übers Haar streicht und, um ihm ein Kompliment zu machen, sagt: »Du siehst wirklich aus wie ein kleiner Deutscher«, da zieht er sich in einer plötzlichen Sinnesänderung wütend an seinem blonden Schopf.

Im Oktober erfährt unser schulischer Horizont die erste Veränderung seiner kurzen Geschichte. Mein Bruder ist in die erste Klasse Gymnasium gekommen und muß das Nonnenkloster dell'Adorazione verlassen, wo es nur Grundschulklassen gibt. Die Eltern haben das von den Jesuiten geführte Istituto Massimo für ihn ausgesucht. In dem großen Bau aus dem 17. Jahrhundert, in der Nähe des Bahnhofs, ist jeden Samstag, wie in allen Schulen des Königreichs, der Appell vorgesehen; Übungen, Märsche und Musketen, um die Schüler auf den Krieg vorzubereiten. Zu dieser Gelegenheit kauft Mama ihm bei Zingone an der Maddalena einen neuen *Balilla*-Anzug, mit graugrünen kurzen Hosen und schwarzseidenem Hemd. Angetan mit der neuen Uniform, Fes und elastischer Bauchbinde, geht er zusammen mit Mama los, um Papa am Zug abzuholen, der aus Turin kommt. Freudig erregt stehen beide auf dem Bahnsteig, als die Lokomotive zwischen Dampfwolken unter dem großen Eisengewölbe der Stazione Termini einfährt. Mama trägt vielleicht einen Filzhut, den leichten Mantel über dem bedruckten Seidenkleid. Papa steigt mehrere Waggons weiter hinten aus, in der Hand den kleinen, von einem Überzug aus beigefarbenem Tuch geschützten Lederkoffer. Er ist groß, hager, trägt noch den steifen Kragen, und man erkennt ihn von weitem an dem grauen Hut, den er immer über allen Köpfen schwenkt, um seine Anwesenheit kundzutun. Mama lächelt erwartungsvoll und winkt mit der Hand im hellen Handschuh, um zu bedeuten: Hier sind wir, hierher! Als er näher kommt, kneift Papa ganz leicht die Lider zusammen, einen Moment lang erfassen die Augen hinter den Brillengläsern sie und ihr Kind in der Uniform der faschistischen Jugend. Dann setzt er den Hut wieder auf und mischt sich unter die anderen Reisenden und die Gepäckträger mit den geschulterten Koffern. Mama steht da mit erhobener Hand, weiß nicht, ob sie sie senken soll oder nicht, mein Bruder wartet kerzengerade und voller Stolz, den Fes ein wenig schräg aufgesetzt, wie es sich gehört. Papa gibt kein Zeichen, lächelt nicht, geht einfach weiter mit seinem Köfferchen im Tuchüberzug; und bevor Mama den Mund öffnen, mein Bruder einen Muskel bewegen kann, ist Papa schon mit starr geradeaus gerichtetem Blick an ihnen vorbeigegangen. Schon kann man seinen grauen Hut nicht mehr von den anderen in der großen Bahnhofshalle unterscheiden. Er verschwindet. Mama und mein Bruder stehen als einzige noch vor den leeren Waggons, während die letzten Dampfwolken auf den Gleisen zu Wasser werden.

Ich weiß nicht, was Mama und ihr Kind in Uniform zueinander gesagt haben, als sie mit Francesco am Steuer des Astura wieder nach Hause fuhren. Ob die Demütigung stärker war oder der Sinn fürs Lächerliche gesiegt hat. Ebensowenig weiß ich, ob die Abneigung meines Bruders für alle zukünftigen Appelle und für jenes schwarze Seidenhemd, jene kurzen graugrünen Hosen auf der kurzen Strecke vom Bahnhof nach Hause entstand, während das große M auf dem Fes metallisch in der Oktobersonne glänzte.

Am 12. März 1938 überschreiten die deutschen Truppen die Grenze zu Österreich. Am 13. wird das Land aufgefordert, sich dem Deutschen Reich anzuschließen. Am 14. zieht Hitler im Triumphzug in Wien ein, während zu beiden Seiten die jubelnde Menge Spalier steht und kleine Mädchen im Dirndl hinter den Absperrungen Blumensträußchen schwenken. In einer Volksabstimmung, zu der auch die Deutschen aufgerufen sind, sollen die Österreicher nun für den *Anschluß* stimmen, der ihr Land in eine neue Provinz Deutschlands verwandeln wird; ausgeschlossen von dieser Abstimmung sind natürlich die 200 000 Österreicher, die als Juden registriert sind. Sofort beginnt eine großangelegte Überzeugungskampagne, zu der auch die Kirche ihren Beitrag leisten soll. Am 15. März trifft sich der Bischof von Wien, Kardinal Theodor Innitzer, mit Hitler. Das Gespräch verläuft so überzeugend, daß der Kardinal ein Rundschreiben an die verschiedenen Diözesen schickt, in dem er sie anweist, für den Anschluß zu werben – unter besonderer Berücksichtigung, schreibt er, der katholischen Jugendorganisationen. Er habe, erklärt er in dem Zirkular, vom Führer die Versicherung erhalten: »Die Kirche wird ihre Treue gegenüber Großdeutschland nicht zu bereuen haben.« Am 27. März wird in allen Kirchen des Landes eine gemeinsame Erklärung des österreichischen Episkopats verlesen: »... Wir erkennen freudig an, daß die nationalsozialistische Bewegung auf dem Gebiet des völkischen und wirtschaftlichen Aufbaus sowie der Sozialpolitik für das Deutsche Reich und Volk und namentlich für die ärmsten Schichten des Volkes Hervorragendes geleistet hat und leistet. Wir sind auch der Überzeugung, daß durch das Wirken der nationalsozialistischen Bewegung die Gefahr des alles zerstörenden gottlosen Bolschewismus abgewehrt wurde.

Die Bischöfe begleiten dieses Wirken für die Zukunft mit ihren besten Segenswünschen und werden auch die Gläubigen in diesem Sinne ermahnen. Am Tage der Volksabstimmung ist es für uns Bischöfe selbstverständlich nationale Pflicht, uns als Deutsche zum Deutschen Reich zu bekennen, und wir erwarten auch von allen gläubigen Christen, daß sie wissen, was sie ihrem Volke schuldig sind.«

Am 1. April schickt Kardinal Innitzer eine Botschaft an Kardinal Bertram, den Vorsitzenden der Fuldaer Bischofskonferenz, zu der sich die Mehrheit der katholischen Bischöfe Deutschlands versammelt, und äußert darin die Hoffnung, daß der deutsche Episkopat es dem österreichischen gleichtun werde. Und am Ende des Schreibens, vor der Unterschrift, fügt er handschriftlich hinzu: *Und Heil Hitler!*

So viel unmittelbare Begeisterung ruft nicht wenig Befremden hervor. Am 2. April stellt der »Osservatore Romano« klar, daß die Erklärung des österreichischen Episkopats ohne Billigung des Heiligen Stuhls verfaßt und unterzeichnet wurde. Doch am Abend zuvor, um acht Uhr, hat Radio Vatikan eine Sendung in deutscher Sprache ausgestrahlt, deren Thema lautete: *Was ist politischer Katholizismus?* Eine Art Kurzvortrag, sehr kritisch gegenüber dem österreichischen Episkopat und Kardinal Innitzer im besonderen, gehalten von einem deutschen Jesuiten, der aus verständlichen Gründen die Anonymität wahren wollte.

Der betreffende Jesuit heißt Gustav Gundlach und ist Fachmann für katholische Soziallehre. Doch ein Denunziant im Vatikan gibt seinen Namen nach Berlin weiter; und Ende Mai wird Gundlach gewarnt, daß er, sollte er nach Deutschland zurückkehren, verhaftet werde.

Kardinal Innitzer ist unterdessen dringend zum Papst gerufen worden und landet am 5. April mit dem Flugzeug in Rom. Ergebnis der Unterredung ist ein Widerruf, der sich in einer neuen Erklärung ausdrückt: In seinem eigenen und im Namen des gesamten österreichischen Episkopats fordert der Kardinal die Gläubigen auf, die vorhergehenden Äußerungen nicht zu beachten, da jede politische Weisung gegen den Glauben und die Gewissensfreiheit der Katholiken ist. Außerdem wird darauf hingewiesen, daß weder der Staat noch irgendeine politische Partei berechtigt ist, eine der vorhergehenden Erklärungen zu ihren Gunsten zu nutzen.

Am 10. April wird der *Anschluß* mit überwältigender Mehrheit gebilligt: 99,08 Prozent der Wähler in Deutschland und 99,75 Prozent in Österreich stimmen mit »Ja«. Das ehemalige habsburgische Kaiserreich ist von diesem Augenblick an eine neue Provinz des Dritten Reichs: die Ostmark.

Ich besuche schon seit Oktober die erste Klasse Grundschule. Es ist noch kalt, und draußen im Garten picken die Spatzen im Kies, die Bäume werden vom Nordwind geschüttelt. Meine Lehrerin ist eine glühende Faschistin, und das erste Gedicht, das ich lerne, heißt »Auf den mütterlichen Knien buchstabierte Benito, Luigi Nason«, und der Name des Autors, Luigi Nason, ist für mich Bestandteil des Verses. Auf dem Umschlag meines Hefts tragen der König und der Duce hohe weiße Federbüsche. Der König ist klein und schmächtig, wie man unschwer in den Wochenschauen erkennen kann, die ich, tief in meinen Kinosessel und in Langeweile versunken, am Samstagnachmittag sehe, wenn Papa uns ins Cinema Planetario mitnimmt. Der Duce dagegen ist korpulent und aufgeblasen und reitet durch den Park der Villa Torlonia oder brüstet sich mit nacktem Oberkörper im Schnee, mit Skiern an den Füßen. Ein Riesenphoto von ihm thront im Speisesaal des Hotels am Terminillo, einem Skigebiet, das kürzlich zum Entzücken der Römer eröffnet wurde; manchmal werden wir dorthin zum Schlittenfahren mitgenommen.

Das einzige, was mich traurig macht, ist, daß ich keine Uniform für die faschistische Jugendorganisation der *Piccole Italiane* besitze. Die haben sie zu Hause für überflüssig gehalten; wenn nötig, werde ich die von meiner Schwester Teresa anziehen. Aber in der Schule fordern mich die Nonnen nie auf, in Uniform zu kommen, die brauche man, sagen sie, nur für die Prüfung am Ende der fünften Klasse. Es tut mir leid um das schwarze Cape, das fast kreisrund ist, und die Mütze, eine Art Strumpf, der wie aus Seide wirkt. Wenn wir Verkleiden spielen, benutzen meine Schwestern das Cape als bodenlangen Rock, ich dagegen muß mich damit begnügen, mir das große geblümte Tuch um die Taille zu knoten, das nachts das Licht der Nachttischlampe dämpft. Aus irgendeinem Grund, der in der Kindheit zu suchen ist, betreffen unsere Verkleidungen nämlich immer nur die »Vorderseite«, die hintere Seite – Po, Rücken, Waden – existiert nicht.

Doch häufiger spielen die Schwestern »Nonne«, wozu sie die Bügeltücher benutzen, und die auf den Stühlen aufgereihten Puppen werden zu arg geschundenen Schülern. Ich habe eine instinktive Abneigung dagegen, Nonnenkleidung anzulegen, sei es auch nur zum Spiel, und trage lieber weiter das geblümte Tuch, um eine »Lehrerin« darzustellen. Manchmal verwandle ich mich in die »sportliche Signora«, indem ich mit einer Sicherheitsnadel den Rock zwischen den Beinen zusammenstecke, um so zu tun, als trüge ich Hosen. Die sportliche Signora fährt Auto und fliegt im Flugzeug. Sie raucht und spielt Tennis.

Seit über einem Jahr hat inzwischen in Italien eine Pressekampagne eingesetzt, mit der die am Thema »Rasse« wenig interessierte öffentliche Meinung sensibilisiert werden soll. Den Auftakt bildete im April 1937 das Erscheinen des Buches von Paolo Orano, *Gli ebrei in Italia*, Die Juden in Italien, das plötzlich in allen Buchhandlungen lag. Doch nach dem Anschluß Österreichs elektrisiert das Beispiel des Schülers, der den Lehrer übertroffen hat, unseren Duce und macht ihn nervös, und in kurzer Zeit wird das Thema »Rasse« in der gesamten nationalen Presse aktuell. Nicht mehr nur in erklärt antisemitischen Blättern wie »Il Tevere« und »L'Assalto«, »La vita italiana« von Giovanni Preziosi oder Farinaccis Zeitschrift »Il Regime Fascista« und der neuen satirischen Reihe von »Il giornalissimo« von Oberdan Cotone, sondern auch in den auflagenstarken gemäßigten Tageszeitungen wie »Il Resto del Carlino«, »La Stampa«, »Il Messaggero« und »Corriere della Sera«. Seltene Ausnahmen stören so viel Geschlossenheit: eine ist die von Alessi herausgegebene Triester Zeitung »Il Piccolo«. Doch nach einiger Zeit tritt auch

Alessi gezähmt in die Reihen zurück. Emilio De Bono, Mitglied des Viererrats beim Marsch auf Rom und Polizeichef, vermerkt am 3. September 1938 in seinem Tagebuch: »Die Presse ... ist noch kriecherischer und ekelhafter als gewöhnlich.«

Die Angriffe auf die Juden erstrecken sich auf weite Kreise, angefangen bei den Juden in der Finanz und an der Börse bis hin zu den Juden in der Presse, in der Landwirtschaft, im Handel und am Theater, beim Film und in der Marine, in der Musik. Auch die Juden, die im Sport engagiert sind, werden nicht ausgespart. Die Sprache wird lauter, der Stil verkommener, wie der Redakteur von »Roma fascista« beweist; ausgehend vom Fall einiger Juden, die an der Grenze festgenommen wurden, als sie versuchten, mit einem Teil ihres Besitzes auszureisen, schreibt er am 5. Oktober 1938: »Alle Juden, Judenfreunde und alle verdächtigen Personen dürfen, wenn sie das Land verlassen, etwas Kleingeld, ihre Kleider und ihre Schnauze mitnehmen. Wenn ihnen die Kleider aber dazu dienen sollten, auch nur einen Soldo herauszuschmuggeln, dann ziehen wir sie nackt aus und schicken sie so über die Grenze, mit Tritten in den Hintern.«

Unter den Intellektuellen ist eine der beliebtesten Zielscheiben im Augenblick Alberto Pincherle, bekannt unter dem Namen Moravia (obwohl er nur Halbjude ist). Aber auch Benedetto Croce wird angegriffen, als seine Zeitschrift »La Critica« in Form einer »Epistel« einen Artikel des Humanisten Antonio Galateo zur Verteidigung der Juden veröffentlicht. Ebenso ergeht es Ezio Garibaldi, als er sich mit einem sehr harten Artikel in »Camicie rosse« zu Wort meldet. Der Protest Marinettis, der in faschistischen Kreisen großes Ansehen genießt, löst mehr Aufruhr aus. In der Dezembernummer der Zeitschrift »Artecrazia« greift Marinetti 1938 die Rassengesetze auf kultureller Ebene heftig an und erklärt, daß man mit dem Antisemitismus wie in Deutschland die moderne Kunst treffen wolle. Die Zeitschrift wird sofort beschlagnahmt, aber den Untergrundexemplaren wird ein langes Leben beschert sein.

Dies bleiben jedoch Einzelfälle. Und wenn der neue Kurs bei der Mehrheit der Italiener nicht die Begeisterung hervorruft, die Mussolini auch gar nicht erwartet, fehlt seitens der Intellektuellen jeder Ansatz einer stolzen Opposition, wie sie sich so mancher erhofft hätte. Vielmehr gibt es das, was Concetto Marchesi im Januar 1945 als den »Drang nach Zustimmung« bezeichnen wird. Eine so bereitwillige Aufnahme, daß Francesco Biondolillo sich bemüßigt fühlt, in »L'Unione Sarda« vom 14. April 1939 zu äußern: »Aber die größte Gefahr geht vielleicht von der erzählenden Prosa aus, wo – angefangen von Italo Svevo, einem abgefeimten Juden, bis zu Alberto Moravia, einem noch dreimal abgefeimteren Juden –, ein elendes Netz geknüpft wird, um auf dem schlammigen Grund der Gesellschaft abstoßende Gestalten von Menschen aufzufischen, die keine »Menschen« sind, sondern energielose, mit niedriger und abstoßender Sexualität besudelte, körperlich und moralisch kranke Wesen … Die Meister aller dieser Schriftsteller sind diese pathologischen Subjekte, die Marcel Proust und James Joyce heißen, ausländische Namen von Leuten, die jüdisch sind bis ins Mark, defätistisch bis in die Haarwurzel.« (In der Nachkriegszeit wird Francesco Biondolillo eine Privatdozentur erhalten und nicht nur in einem römischen Gymnasium unterrichten, sondern auch an der römischen Universität La Sapienza zahlreiche Vorlesungen über italienische Literatur halten.)

Und um so viel guten Willen zu belohnen und die Begeisterung wachzuhalten, beschließt die Regierung, staatliche Subventionen zu Gunsten der Intellektuellen zu erhöhen – bis hin zur Verdreifachung.

In großer Zahl unterzeichneten sie Artikel, in denen lauthals der Wert und die Qualität der italischen Rasse gepriesen und vor der Bedrohung von so viel Reinheit durch die Juden gewarnt wurde. Viele waren noch sehr jung und in einer faschistischen Schule groß geworden, andere jedoch waren längst erwachsen: gestandene Männer, wie man zu jener Zeit gesagt hätte. Als ein Beispiel für alle mag Guido Piovene gelten, der 1938 dreißig Jahre alt und schon ein angesehener Intellektueller, Journalist und Romancier war. Im November – die italienischen Rassengesetze waren noch druckfrisch – übernimmt er die Rezension eines abstoßenden Bändchens von Telesio Interlandi, Herausgeber von »La difesa della razza«, einer graphisch aggressiv und unkonventionell aufgemachten neuen Zeitschrift, die unter anderen von der Banca Commerciale und vom Credito Italiano, vom Banco di Sicilia und der Finanzgruppe Breda, der Kugellagerfabrik Officine Villar Perosa, den Versicherungsgesellschaften Riunione Adriatica di Sicurtà und Istituto Nazionale delle Assicurazioni finanziert wird. Das fragliche Bändchen heißt *Contra Judeos*, und Piovene schreibt in seiner Besprechung im »Corriere della Sera«: *Den Italienern klarzumachen, daß Rasse ein wissenschaftliches, biologisches Faktum ist, das auf Blutsgemeinschaft basiert, ist die erste Aufgabe, zu der das Buch ermutigt;*

zweitens, zu beweisen, daß die Minderwertigkeit einiger Rassen ewig ist; daß bei Kreuzungen das Minderwertige über das Hochwertige überwiegt; daß die italienische Rasse ihre Immunität eifersüchtig hüten muß ... Die Juden können nur Feinde und Usurpatoren der Nation sein, die sie aufnimmt. Von anderem Blut und ihrer Bindungen bewußt, können sie nicht anders, als sich gegen die fremde Rasse zusammenschließen. Die riesige Anzahl von herausragenden Stellungen, die in Italien von Juden besetzt sind, ist das Ergebnis eines zähen Kampfes. Als Ausländer versuchen sie, die Herrschaft über die jeweilige nationale Kultur zu erlangen, indem sie ihr ›europäistische‹ Formen geben, sie von den völkischen Wurzeln der Kunst abtrennen, wie es in Italien geschehen ist.

Fast gleichzeitig kommt für uns Kinder *Euro, ragazzo avviatore* heraus. Das Buch von Gino Chelazzi, erschienen in der Reihe »Biblioteca dei Miei Ragazzi«, erzählt die Geschichte eines Jungen »voll Kühnheit und Wagemut, der in einer Unternehmung, aus der Italien siegreich hervorgehen muß, einen Flugapparat steuert. Tausend Bedrohungen behindern den tapferen Willen des jungen Helden, der mit furchtlosem Herzen und fester Hand unerschütterlich den schwierigen Flug meistert. Er ist Euro, der Junge des großen faschistischen Italiens ...« Eines Italiens, das die Intrigen seiner neidischen Feinde nicht länger dulden könne, womit besonders der Jude Jacob Manussai gemeint ist, »schmierige Figur eines alten Mannes mit langer Mähne und schmutzigweißem Ziegenbärtchen, Hakennase, dichten Augenbrauen, scharfem Blick hinter einer riesigen Brille, runzligen Lippen, zwischen denen sich gelbliche Zähne zeigten«, der ver-

35

sucht, Euros waghalsige Unternehmung zum Scheitern zu bringen. Vergeblich, auch dank Giordano Pascal, der zwar ein Gangster, aber reuig und Italoamerikaner ist.

Doch trotz aller Begeisterung, mit der uns Chelazzi die erstaunliche Unternehmung beschreibt, hat der angeberische kleine Faschist Euro bei uns Kindern sehr wenig Erfolg. Die Geschichten von seinem Wasserflugzeug finden wir dumm und langweilig im Vergleich zu den herrlichen Abenteuern in den Büchern *Teleferica misteriosa* oder *Torre del nord*.

Die Anzeichen für das, was bevorsteht, sind mittlerweile kaum noch zu übersehen. Zwar ist die Opposition Pius XI. über Erwarten hartnäckig, doch werden die Verhandlungen zwischen Vatikan und Mussolini durch den Nuntius Borgongini-Duca weitergeführt. Man versucht, das Wohlwollen des Papstes zu wecken, indem man hervorhebt, was in den neuen Gesetzen an die jahrhundertealten Tendenzen der Kirche gegenüber den Juden anknüpft: »Diskriminieren, ohne zu verfolgen«.

Aber Pius XI. ist kein ängstlicher oder gefügiger Mann, und der Zusammenstoß mit Mussolini zeichnet sich allmählich in aller Härte ab. Es gibt zahlreiche strittige Punkte, und einer vor allem erscheint unüberwindlich: die Bestimmung bezüglich der Ehen zwischen Katholiken und getauften Juden (aber auch ungetauften, wenn die Ehe in der Kirche geschlossen wurde), denn wenn sie als nichtig betrachtet werden, widerspricht dies dem Konkordat, das am 11. Februar 1929 unterzeichnet wurde.

Zu Mussolinis Erleichterung zeigt sich die offizielle Zeitschrift der Jesuiten, »La Civiltà Cattolica«, die wegen ihrer Verbindungen zum Staatssekretariat große Autorität genießt, den neuen politischen Orientierungen gegenüber nachgiebiger und verständnisvoller und hat in der »Judenfrage« die Linie einer »in unserer Zeit angebrachten Segregation oder Unterscheidung« gewählt. Pater Enrico Rosa, der von 1915 bis 1931 Herausgeber der Zeitschrift war und nun zu ihren einflußreichsten Redakteuren gehört, zeichnet als Verfasser der Artikel, die den biologischen Rassismus verdammen und gleichzeitig vor den Juden warnen, »nicht weil sie jüdischer Rasse sind, sondern wegen ihrer Ansichten und ihrer Kultur«.

Für eine beträchtliche Verärgerung des Duce muß Pius XI. allerdings noch sorgen. Als Hitler am 2. Mai 1938 in Rom ankommt, ist die ganze Stadt festlich erleuchtet, nur der Vatikan liegt im Dunkeln. Um dem Führer nicht zu begegnen, hat der Papst seinen Sommerurlaub vorverlegt und ist am 30. April nach Castel Gandolfo abgereist. Und am 3. Mai gibt Pius XI. im »Osservatore Romano« eine Reihe von Leitsätzen über den Rassismus bekannt, die er für unannehmbar hält, ein kleines Kompendium in acht Punkten, das die zuständige Römische Kongregation schon am 13. April an alle katholischen Universitäten übersandt hat.

Am Abend von Hitlers Ankunft darf ich mitgehen, um das Kolosseum und die Via dell'Impero beleuchtet zu sehen. Auf Säulen stehen große Bronzeschalen, in denen Feuer brennen. Noch nie habe ich etwas Derartiges gesehen: Die Schalen mit den hohen, im Wind flackernden Flammen heißen »Tripoden«. Hitler herrscht über die Deutschen, Annemarie ist stolz auf ihn. Den Nonnen dagegen, die Französinnen sind, gefällt Hitler nicht; als ich Mater Gregoria von den Bronzeschalen mit den Flammen erzähle, rümpft sie ihre kleine Nase.

Es ist Sonntagmorgen, und Papa liegt noch im Bett, ich bin zu ihm unter die Decke geschlüpft, um mir das Märchen vom ungehorsamen Zicklein erzählen zu lassen. Ich liebe Papas Körper, seine zerbrechliche Magerkeit im Schlafanzug, die sehr weißen Arme, die aus den zu weiten Ärmeln hervorschauen, seine halb ironische, halb belehrende Art zu erzählen, die graublauen Augen, aus denen das ungehorsame Zicklein mir gleich entgegenzuspringen scheint. Ein durchsichtiges, frisches, flüssiges Licht siegt über das Grau der Häuser gegenüber, aber es kann noch nicht sehr spät sein, weil Italia anklopft, um die Zeitungen aufs Bett zu legen, die sie auf dem Rückweg von der Messe gekauft hat. Den »Osservatore Romano« gibt es nicht, sagt sie. Was soll das heißen, gibt es nicht, wenn er doch schon seit gestern nachmittag am Kiosk liegen müßte? Papa blickt sie erstaunt an. Der Zeitungshändler habe gesagt: Kirchenblättchen gibt es heute nicht … Italia schneidet eine Grimasse, die ihre Verachtung ausdrückt, und bleibt an der Tür stehen, als verleihe ihr die Schwere des Vorgefallenen plötzlich eine Art Autorität. Das Zicklein ist aus Papas Augen verschwunden, heute morgen werde ich es nicht wiedersehen. Ich weiß nicht, was »Kirchenblättchen« bedeutet, teile aber die allgemeine Verwunderung und Mißbilligung über das, was meine Sonntagmorgenidylle gestört hat.

Einige Tage später ist es noch schlimmer, Italia wird beschimpft, und jemand reißt ihr den eben gekauften »Osservatore Romano« aus der Hand. Ihr breites Gesicht mit dem olivfarbenen Teint ist diesmal in atemloser Empörung verzerrt, die Hände gestikulieren, als müßte sie eine Bedrohung abwehren, und ihre karierte Schürze schaut aus dem Mantel hervor.

Ende Mai, drei Wochen nach Hitlers Besuch in Rom, richtet sich eine Kommission der Rassenpolizei des deutschen Reichs unauffällig in Mailand ein, um den faschistischen Kollegen zu helfen.

Am 2. Juli rezensiert Pater Enrico Rosa in »La Civiltà Cattolica« einen in der Schweiz veröffentlichten Band gegen den nationalsozialistischen Rassismus von Rudolf Laemmel, *Die »moderne Rassentheorie«, angefochten von einem Nichtkatholiken*; und auch wenn er dessen Thesen über den atheistischen deutschen Rassismus akzeptiert, schreibt Pater Rosa: »Dennoch übertreibt der Autor, zu sehr läßt er die ständigen Verfolgungen der Juden gegen die Christen, besonders gegen die Katholische Kirche, und ihr Bündnis mit den Freimaurern, den Sozialisten und anderen antichristlichen Parteien außer acht; er übertreibt zu sehr, wenn er den Schluß zieht, es sei nicht nur unlogisch und unhistorisch, sondern ein wirklicher moralischer Verrat, wenn das Christentum sich heutzutage nicht der Juden annehme. Denn man darf auch nicht vergessen, daß die Juden selbst zu jeder Zeit die berechtigte Abneigung der Völker auf sich gezogen haben und dies immer noch tun mit ihren zu häufigen Übergriffen und ihrem Haß auf Christus, seine Religion und seine Katholische Kirche, fast alle wiederholten sie den Ruf ihrer Väter, der dem Blut des Gerechten und des Heiligen fluchte ...«

Im Juli, während wir Kinder wie in jedem Sommer in Ortisei die Wiesen hinunterlaufen, macht eine beträchtliche Anzahl von Professoren und Assistenten dem Duce ein heißersehntes Geschenk: die offizielle Bestätigung der Wissenschaft. Eine Art akademische Investitur der Kampagne zur Verteidigung der römisch-italischen

Rasse. Am 25. Juli (ein Datum, das fünf Jahre später für Mussolini schicksalhaft sein wird) gibt eine Verlautbarung der Nationalen Faschistischen Partei die Namen der illustren Verfasser des *Manifests der rassistischen Wissenschaftler* bekannt, das am 14. Juli im »Giornale d'Italia« anonym veröffentlicht worden war. Das Dokument heißt in Wahrheit *Der Faschismus und die Rassenprobleme* und wurde von Guido Landra, einem jungen Anthropologieassistenten, nach Angaben von Mussolini und Dino Alfieri erarbeitet. Dem Publikum wird es offiziell vorgestellt als Werk des hochverehrten Direktors des Instituts für medizinische Pathologie in Rom, Professor Nicola Pende (dem es gelingen wird, seinen Lehrstuhl bis 1955 zu behalten), international bekannter Forscher und Senator des Königreichs, erstellt in Zusammenarbeit mit den illustren Professoren Arturo Donaggio, Inhaber des Lehrstuhls für Neuropsychiatrie in Modena (er stirbt 1942), Franco Savorgnan, Inhaber des Lehrstuhls für Statistik in Rom, Vorsitzender des Zentralinstituts für Statistik (der sein Amt bis 1949 behalten wird), Sabato Visco, Inhaber des Lehrstuhls für Allgemeine Physiologie in Rom und Direktor des Nationalen Instituts für Ernährung in Rom (er wird sein Amt bis 1963 ausüben), Edoardo Zavattari, Inhaber des Lehrstuhls für Zoologie in Rom (der bis 1958 im Amt bleibt). Hinzu kommt noch eine stattliche Anzahl von Assistenten: Lino Businco, Lidio Cipriani, Leone Franzi, der obengenannte Guido Landra und Marcello Ricci.

Das Ergebnis gestattet es Mussolini, offiziell zu erklären, die Orientierung des italienischen Rassismus sei *nordisch arisch*.

Das *Manifest* erläutert den vierundvierzig Millionen Bewohnern der Halbinsel in der Tat die Existenz der Rassen und ihrer unterschiedlichen Merkmale und schließlich, zu welcher wichtigen Rasse sie selbst gehören (abzüglich natürlich der 48 032 Juden) und wie dieses Gut genetisch rein erhalten werden muß mit dem Ziel, seine Merkmale nicht zu verändern, die es vor der Welt auszeichnen. Eine »wissenschaftliche« Erklärung, die faktisch die bevorstehende Liquidierung der Institute für Physik und Mathematik absegnet, zweier Institute, die um die Jahrhundertwende ihre Blütezeit erlebten. Auf sie sausen die Rassengesetze, die zu der vom Regime gepredigten kulturellen Autarkie hinzugekommen sind, herunter wie ein Beil. Das Institut für Mathematik versinkt in einer Isolierung und wird für immer aus den internationalen Spitzenpositionen verdrängt, die es am Anfang des Jahrhunderts erreicht hatte. In einem vierzeiligen Brief, unterzeichnet vom Rektor Cardinali, wird den Adressaten mitgeteilt: *Aus Ihrer Personalakte geht hervor, daß Sie der jüdischen Rasse angehören. Deshalb sind Sie mit Wirkung vom 16. Oktober 1938 XVI vom Dienst suspendiert worden gemäß Kgl. Ges. Verord. Nr. 1390 vom 5.9.1938.* Es werden aus der Lehre und von jedem anderen Amt ausgeschlossen: Professor Tullio Levi-Civita, Mitglied der französischen »Académie des Sciences«, einziger italienischer Redakteur der namhaften deutschen Zeitschrift »Zentralblatt für Mathematik« (deren qualifizierteste Redakteure aus Protest ihren Rücktritt einreichen); Federico Enriques, Corrado Segre und Guido Castelnuovo, Begründer der italienischen Schule für algebraische Geometrie; Guido Fubini, Guido Ascoli, Gino Fano und Alessandro Terracini, um nur einige zu nennen. Für die Physik bedeutet der Ausschluß von Emilio Segré, Eugenio Fubini, Leo Pincherle, Bruno Rossi und Enrico Fermi, der den anderen folgt, da er mit einer Jüdin verheiratet ist, das

Ende jenes außerordentlichen Experiments, das unter dem Namen »Schule der Via Panisperna« bekannt ist. Man könnte in diesem Zusammenhang die Antwort zitieren, die David Hilbert, international anerkannte Autorität auf dem Gebiet der Mathematik, dem nationalsozialistischen Reichskultusminister gab, als dieser 1934 nach Göttingen reiste, um an einem Festessen der dortigen Universität teilzunehmen, und fragte, ob es wahr sei, daß das Institut für Mathematik unter dem Ausschluß der Juden gelitten habe: »Gelitten? Es hat nicht gelitten, Herr Minister, es existiert einfach nicht mehr.«

Es würde mehrere Seiten füllen, alle »Suspendierten« der verschiedenen Disziplinen aufzuzählen; um zu verhindern, daß diese »einer minderwertigen Rasse angehörenden« Professoren im Ausland den guten italienischen Namen beschmutzen, wird ihnen formal jegliche Teilnahme an internationalen Kongressen untersagt.

Als Levi-Civita 1941 sogar ohne den Beistand einer Krankenschwester stirbt (denn es wird den Juden verboten, arisches Personal zu beschäftigen), wird der »Osservatore Romano« die einzige Zeitung sein, die ihm einen Nachruf widmet. Denn Levi-Civita war auch Mitglied der Päpstlichen Akademie der Wissenschaften.

Doch die größte Befriedigung bereitet Mussolini zweifellos das Verhalten, das beinahe der gesamte akademische Lehrkörper an den Tag legte. Es gibt, Ordinarien und außerordentliche Professoren mitgerechnet, 98 jüdische Professoren und 194 Privatdozenten. Mit den Rassengesetzen werden also mit einem Schlag fast dreihundert Stellen frei, was es erleichtert, unerhörte Maßnahmen akzeptabel erscheinen zu lassen. Es geht aber nicht nur um die Anzahl von freien Positionen: plötzlich sind einige der prestigeträchtigsten Lehrstühle vakant. Die einzige Sorge des akademischen Lehrkörpers bei dem Ansturm auf die freien Stellen gilt den unbesetzt gebliebenen Professuren; und sofort werden dringliche Appelle laut, daß diese nicht gestrichen werden, sondern jeder Fakultät erhalten bleiben.

Was die »Nachfolger« angeht, so ist nur eine einzige Weigerung auf das Angebot bekannt, einen Lehrstuhl zu übernehmen, der zwangsweise von einem Dozenten »jüdischer Rasse« geräumt wurde: die von Massimo Bontempelli.

Beinahe gleichzeitig mit der Veröffentlichung des *Rassenmanifests* gibt das Innenministerium bekannt, daß die demographische Zentralbehörde in eine Generaldirektion für Demographie und Rasse umgewandelt wurde. Diese Neuschöpfung, der Einfachheit halber »Demorazza« genannt, wird fünf Jahre lang über das Schicksal von Zehntausenden von italienischen und ausländischen Juden entscheiden. Beihilfe leistet ein sehr streitbares, ebenfalls neu eingerichtetes »Rassentribunal«, das über die Anträge derjenigen zu befinden hat, die versuchen, sich gegen die diskriminierenden Bestimmungen der Gesetze zu wehren.

Am 16. Juli beschränkt sich der »Osservatore Romano«, als auf der zweiten Seite über die Veröffentlichung des *Manifests* berichtet wird, auf eine kurze Zusammenfassung, in der vor allem die »objektiven wissenschaftlichen Bedeutungen« hervorgehoben werden, »die ein anderes Ziel verfolgen als das, was gemeinhin ›Rassismus‹ genannt wird; und daß die ›geistigen‹ Unterschiede über die

›biologischen‹ zu überwiegen scheinen, da es keine überlegenen oder minderwertigen Rassen gibt«. Ebenfalls am 16. Juli kommentiert Pater Barbera in »La Civiltà Cattolica« die von der ungarischen Regierung vorgeschlagenen antisemitischen Maßnahmen positiv, mit denen die Anzahl der Juden im öffentlichen Leben und in den freien Berufen durch Quoten beschränkt werden soll.

Doch wenn das *Rassenmanifest* der Spitze der kirchlichen Hierarchie auch nicht sonderlich zu mißfallen scheint, da es »diskriminiert, aber nicht verfolgt«, so löst es doch bei Pius XI. eine entschieden gegenteilige Reaktion aus. Schon am 15. Juli, während einer dem Generalkapitel der Schwestern von Notre-Dame-du-Cénacle gewährten Audienz, bezieht der Papst in einer ausführlichen, dezidierten Ansprache vom christlichen Standpunkt aus Stellung gegen das, was er »übertriebenen Nationalismus« nennt, »der«, so erklärt er, »dem Seelenheil im Wege steht, der Schranken zwischen den Völkern errichtet, der im Gegensatz steht nicht nur zum göttlichen Gesetz, sondern auch zum Glauben, zum *Credo* selbst, jenem *Credo*, das in allen Kathedralen der Welt gesungen wird ... Doch ›katholisch‹ bedeutet ›allumfassend‹; eine andere Möglichkeit der Übersetzung gibt es nicht, weder auf italienisch noch in einer anderen modernen Sprache ...« Und wenige Tage später, als er zu 150 kirchlichen Helfern der Jugend der Katholischen Aktion Italiens spricht, kommt er auf dieselben Themen zurück: »Leider gibt es etwas viel Schlimmeres als die eine oder andere Formel für Rassismus und Nationalismus, nämlich den Geist, der sie diktiert. Man muß sagen, daß er besonders verachtenswert ist, dieser Geist des Separatismus, des übertriebenen Nationalismus, der, eben weil er nicht christlich, nicht religiös ist, letztlich unmenschlich ist.«

In der bekannteren Rede vom 28. Juli an die Seminaristen des römischen päpstlichen Kollegiums »Propaganda Fide« fragt sich Pius XI., »wie es kommt, daß Italien, unglücklicherweise, die Notwendigkeit verspürt, Deutschland nachzuahmen«, und unterstreicht, daß »es nur eine einzige menschliche Rasse gibt«, wobei er betont, wie fremd der Rassismus der italienischen Tradition sei.

Als Mussolini von dieser letzten Rede unterrichtet wird (die Ciano am 30. Juli in seinem Tagebuch als »heftig antirassistisch« bezeichnet), gibt er Weisung an die Presse, sie zu ignorieren. Und an die Polizeipräsidenten wird ein Rundschreiben mit der Aufforderung geschickt, die Veröffentlichung der Rede in den Gemeindeblättern zu verhindern. Für ein wenig Aufheiterung sorgt dann wieder der Nuntius Borgongini-Duca. Nach einem Gespräch, bei dem Ciano ihm den Unmut des Duce über die öffentlichen Erklärungen von Pius XI. geschildert hat, kann Ciano, ebenfalls unter dem Datum 30. Juli, vermerken: »Der Nuntius ... hat sich persönlich als sehr antisemitisch entpuppt.«

Am nächsten Tag bringen alle Tageszeitungen Mussolinis Antwort, die er anläßlich seines Besuchs in einem Trainingslager der paramilitärischen faschistischen Jugendorganisation *graduati avanguardisti* gegeben hat: »Wisset, und jeder soll wissen, daß wir auch in der Rassenfrage unbeirrbar durchgreifen werden. Zu sagen, der Faschismus habe jemanden oder etwas nachgeahmt, ist einfach absurd.«

Aus heutiger Sicht ist am schwersten zu begreifen, warum der »Osservatore Romano« es vermieden hat, die Rede von Pius XI. an die Seminaristen des Instituts »Propaganda Fide« in ihrer gesamten Länge abzudrucken. Eine Intervention seitens des Staatssekretariats, dem Kardinal Pacelli vorsteht? Eine plötzliche »Kehrtwendung« des Papstes selbst?

Die letzte Hypothese scheint weniger wahrscheinlich. Am 6. September nämlich, als er zu einer Pilgergruppe des belgischen katholischen Rundfunks spricht, wiederholt Pius XI. mit Nachdruck und auf noch unmißverständlichere Weise seine Verurteilung des »separatistischen Nationalismus« und des »Rassismus«.

Doch hier beginnt ein kleiner Krimi: Die Pilger werden begleitet von Monsignor Picard, dem Präsidenten des belgischen katholischen Rundfunks. In seinem Bericht über die Begegnung, den Picard außer in »La Croix« und »La Documentation Catholique« auch in »La libre Belgique« veröffentlicht, ist die Rede des Papstes auf dessen ausdrücklichen Wunsch in voller Länge abgedruckt. Monsignor Picard berichtet, daß er und zwei weitere Kirchenmänner zunächst getrennt empfangen wurden und dem Papst ein *Meßbuch* überreichten; im Anschluß daran wurden alle anderen Pilger empfangen. Beim Blättern im *Meßbuch* verweilte der Papst bei dem Kanongebet »Supra quae propitio ac sereno vultu respicere digneris, et accepta habere, sicuti accepta habere dignatus es pueri tui justi Abel, et sacrificium Patriarchae nostri Abrahamae ...« An dieser Stelle hielt Pius XI. inne und sagte, zu Monsignor Picard gewandt: »Das Opfer Abels, das Opfer Abrahams, das Opfer Melchisedeks, in drei Zeilen die ganze Religionsgeschichte der Menschheit ... Großartiger Text! Sooft wir ihn lesen, sind wir ergriffen: Sacrificium Patriarchae nostri Abrahamae. Bedenkt, daß Abraham unser Patriarch, unser Vorfahr genannt wird. Der Antisemitismus ist mit dem Geist und

46

der erhabenen Wirklichkeit, die in diesen Worten zum Ausdruck kommen, nicht zu vereinbaren. Er ist eine gegensätzliche Bewegung, mit der wir Christen nichts zu tun haben.« An dieser Stelle, berichtet Monsignor Picard, konnte der Papst seine Ergriffenheit nicht mehr verbergen und zitierte mit bewegter Stimme die Worte des heiligen Paulus, die unsere geistliche Abstammung von Abraham beleuchten: »Nein«, sagte er abschließend, »es ist den Christen nicht möglich, am Antisemitismus teilzunehmen ... Wir sind im geistlichen Sinne Semiten.«

Der »Osservatore Romano« bringt die Nachricht von der Begegnung dagegen an zwei aufeinanderfolgenden Tagen, am 6. und 7. September. Nach der vatikanischen Zeitung wurde am 6. eine auf drei Personen beschränkte Abordnung empfangen, darunter Monsignor Picard, und dem Papst wurde ein *Radio* überreicht. Und gleich danach, ebenfalls am 6. September, hätte der Papst, laut »Osservatore Romano«, vierhundert Vertretern der Katholischen Aktion eine Audienz gewährt; die Rede Pius' XI. an die Besucher wird nicht wiedergegeben, aber ausführlich kommentiert, wobei betont wird, daß der Papst vor allem empfohlen habe, die Frage für oder wider den Rassismus gar nicht zu stellen, da es sehr leicht sei, Mißverständnisse zu verursachen. Die Begegnung mit den Pilgern des belgischen Katholischen Rundfunks hätte dagegen am 7. September stattgefunden; und bei der Wiedergabe der Rede läßt die Zeitung des Vatikans einige Sätze aus, darunter die vorstehend zitierten.

Am 18. September ist Mussolini zu einer Siegesfeier in Triest. Im Hafen liegen die Kriegsschiffe vor Anker, und das Meer glitzert zwischen den grünen Ufern des Golfs, eine festliche Menge drängt sich auf dem großen Platz bis in die Seitenstraßen hinein. Der Duce, euphorisch wegen der Erfolge der Schwarzhemden in Spanien, greift schwungvoll das Thema auf, das ihm am meisten am Herzen zu liegen scheint. »Was die Innenpolitik angeht, ist das dringlichste Problem die Rassenfrage«, deklamiert er, Silbe für Silbe betonend, »... denn die Geschichte lehrt uns, daß Reiche mit Waffen erobert, aber mit Prestige erhalten werden, und für das Prestige bedarf es eines klaren, strengen Rassenbewußtseins, das nicht nur Unterschiede, sondern ganz eindeutige Überlegenheiten betont... Dennoch werden die Juden italienischer Staatsangehörigkeit, die sich Italien und dem Regime gegenüber unbestreitbare militärische oder zivile Verdienste erworben haben, Verständnis und Gerechtigkeit finden. Was die anderen betrifft, wird man ihnen gegenüber eine Politik der Trennung verfolgen, zum Schluß wird die Welt mehr über unsere Großherzigkeit staunen als über unsere Strenge. Es sei denn ...« – und hier wird der Ton drohend –, »es sei denn«, wiederholt er, »die Semiten von jenseits der Grenze und die im Landesinnern und vor allem ihre vielen unerwarteten Freunde, die sie von zu vielen Kathedern verteidigen« – die Stimme macht eine kurze Kunstpause, die Anspielung auf Pius XI. könnte nicht deutlicher sein, und die Menge bricht in einen Beifallssturm aus –, »zwingen uns dazu, radikal den Kurs zu ändern ...«

Kaum einen Monat später, auf der Sitzung des Faschistischen Großrats, auf der die Rassengesetze mit großer Mehrheit gebilligt werden, äußert sich Mussolini noch endgültiger: »Ich erkläre, daß dieser Papst für die Geschicke der Katholischen Kirche unheilvoll ist.«

Es ist Herbst in Rom, die letzten Oktobertage vergehen im Licht rötlich gefärbter Blätter und plötzlich aufkommender Regengüsse. Das Inkrafttreten der Rassengesetze steht bevor, eine im letzten Augenblick zwischen Mussolini und dem Heiligen Stuhl getroffene Vereinbarung erlaubt es den konfessionellen Instituten, Schüler jüdischer Rasse aufzunehmen, die die katholische Religion praktizieren. Doch um die Mischehen wird weiter gestritten; und am 4. November schreibt Pius XI. einen Brief an den König, in dem er erklärt, die neuen Bestimmungen bezüglich der Ehe bedeuteten eine Verletzung des Konkordats. Am 5. schreibt er zum selben Thema auch an Mussolini. Der König beschränkt sich darauf, kommentarlos mitzuteilen, er habe den Brief an den Duce weitergeleitet. Mussolini antwortet überhaupt nicht und läßt vielmehr wissen, er habe »den Eindruck, daß der Vatikan das Seil überspannt«. Am 6. vermerkt Ciano in seinem Tagebuch: »Sturm in Sicht mit der Kirche.« Als die Rassengesetze am 10. November vom Ministerrat gebilligt werden, präsentiert der Heilige Stuhl am 13. durch Nuntius Borgongini-Duca bei der italienischen Botschaft eine offizielle Protestnote wegen der Verletzung des Artikels 34 des Konkordats. Am 15. November notiert Ciano im Tagebuch: »Ehrlich gesagt ein sehr milder Protest, den der Heilige Stuhl übersandt hat ...«

Die Haltung des Papstes wird in der Tat nicht vom gesamten Sacrum Collegium geteilt, und dank der Vermittlung durch die vatikanische Diplomatie wird die Frage der Mischehen mit mehr oder weniger verhüllten Konzessionen auf beiden Seiten – aber vor allem seitens der Kirche – entschärft.

Nachdem ein offener Konflikt mit Pius XI. zunächst vermieden wurde, können die neuen Gesetze in Kraft treten. Was sind schließlich 48 032 Individuen, »Personen«, wie sie fortan in offiziellen Dokumenten genannt werden, »Judäer«, wie sie im nicht offiziellen, aber gängigen Sprachgebrauch heißen? Im Herbst des Jahres 1938 sind 58 412 Juden in Italien ansässig, aber 10 380 von ihnen sind Ausländer und nur 48 032 Italiener: Dies geht aus der von der »Demorazza« durchgeführten Zählung hervor (und die Listen in den Polizeipräsidien, ständig auf den neuesten Stand gebracht, werden sich später als sehr nützlich erweisen für die SS-Männer unter Theodor Dannecker, die nach dem 8. September 1943 den Auftrag haben, die Juden ausfindig zu machen und zu deportieren). Bei einer Bevölkerung von vierundvierzig Millionen stellen sie etwa ein Tausendstel dar. Wenn man außerdem in Betracht zieht, daß nur 37 241 Mitglieder einer jüdischen Gemeinde sind, sinkt der Prozentsatz noch weiter. Eine verschwindend kleine Minderheit, die sich in den kleinen und großen Städten vollkommen integriert hat, hauptsächlich in Mittel- und Norditalien, und die sich, einmal befreit von den Auflagen, die ihr Betätigungsfeld vor der Einheit Italiens einschränkten, vor allem im Handel und in den freien Berufen etabliert hat. Es gibt keine landwirtschaftlichen jüdischen Gemeinden, aber es gibt auch keine starke jüdische Präsenz in der Hochfinanz. In Rom reichen die ersten jüdischen Ansiedlungen sogar in vorchristliche Zeit zurück, und im Ghetto zwischen der Tiberstraße und dem Portico d'Ottavia, wo bis zur Einheit Italiens abends die Tore geschlossen wurden, wohnen vorwiegend Familien, die mit Kleinhandel ihren Lebensunterhalt bestreiten. Von einigen Geschäften abgesehen, die lang und staubig sind wie Labyrinthe, überwiegen die kleinen Läden, die sich dank der guten Qualität ihrer Ware und der günstigen Preise eine Stammkundschaft erworben haben.

Und ob es sich nun um Intellektuelle oder Händler, um Freiberufler oder Unternehmer handelt, ob sie in Rom oder über die Halbinsel verstreut leben, fast alle haben versucht, ihren Patriotismus unter Beweis zu stellen, indem sie mutig im ersten Weltkrieg gekämpft und sich als Beamte in der öffentlichen Verwaltung Achtung erworben haben. Sie haben aktiv am politischen Leben teilgenommen; eine beträchtliche Anzahl hat sich sogar für den Faschismus ausgesprochen. Sie haben nie versucht, andere zu bekehren, da ihre Religion dies nicht verlangt, und – eine recht ungewöhnliche Besonderheit – nur wenige können noch Hebräisch, abgesehen von dem, was für das Lesen der Gebete nötig ist, und sie sprechen nicht Jiddisch, sondern die lokalen Dialekte. Ihre Gottesdienste, mit Ritualen, die seit Jahrhunderten überliefert werden, sind sehr zurückhaltend, um nicht aufzufallen und die Kirche zu beunruhigen, die stets mit aufmerksamem, mißtrauischem Auge über diejenigen wacht, die »darauf bestehen, sich nicht bekehren zu lassen« – die römisch-apostolische Kirche, die sich nach dem Konkordat von 1929 wieder stark fühlt und in der Karwoche während der Passionsgottesdienste in den mit violetten Vorhängen verdunkelten Kirchenschiffen immer noch laut verkündet, daß das ganze jüdische Volk die Kreuzigung des Erlösers gefordert habe. Trotz der Möglichkeit des Austauschs gegen Barrabas. »Barrabas, Barrabas!« hatten sie im Chor geschrien und die Befreiung eines Mörders derjenigen Christi vorgezogen. Und vor Pilatus, der angesichts dieses Verbrechens seine Hände in Unschuld wusch, hatten sie wiederum geschrien: »Sein Blut komme über uns und unsere Kinder!«

In der Nacht vom 6. auf den 7. Oktober 1938 werden die Königlichen Vorlagen für die Rassengesetze vom Faschistischen Großrat gebilligt und am 10. November vom Ministerrat ratifiziert. Am 19. werden sie veröffentlicht, mit sofortiger Wirkung. Die Sitzung vom 6. Oktober dauerte von sechs Uhr abends bis drei Uhr morgens, und schließlich waren sich alle einig, mit Ausnahme von De Bono, Federzoni und Balbo. Italo Balbo insbesondere widersetzte sich mit der ihm eigenen Vehemenz, und die Diskussion verlief sehr heftig (Balbo starb 1940 an einem der ersten Kriegstage während eines Aufklärungsflugs. Sein Tod wird für immer ein Geheimnis bleiben).

Das erste dieser Dekrete legt die Kriterien für die *Zugehörigkeit zur arischen Rasse* fest und nennt Maßnahmen, die gegenüber *Nichtariern* (gemeint sind Juden) ergriffen werden sollen. Als Jude wird erklärt: *Wer zwei jüdische Eltern hat, auch wenn er eine andere Religion praktiziert. Wer einen jüdischen und einen ausländischen Elternteil hat* (vergessen wir nicht, daß es sich um die Verteidigung der »römisch-italischen Rasse« handelt). *Wer nur einen jüdischen Elternteil hat, aber die jüdische Religion praktiziert.* Außerdem wird festgelegt, daß die Zugehörigkeit zur *jüdischen Rasse* gemeldet werden muß, damit sie in die Personenstandsregister eingetragen werden kann.

Unter den *Zugehörigen zur jüdischen Rasse* werden dann einige Kategorien aufgeführt, die wegen besonderer Verdienste von der Anwendung der genannten Gesetze ausgenommen werden können: *Familien von*

Kriegsopfern. Von Kriegsfreiwilligen. Von Trägern einer Kriegsauszeichnung. Von Gefallenen für die Sache des Faschismus. Von Faschisten der Jahre 1919–22 und des zweiten Halbjahres 1924. Von Fiume-Legionären.
Nach den vorläufigen Auswertungen der geheimen Zählung könnten 3502 Familien von der Ausnahmeregelung profitieren (es werden dann 8171 Anträge eingehen, von diesen werden bis 1943 5870 geprüft und 2486, für eine Gesamtheit von 6994 Personen, angenommen, wobei die Härte in der Beurteilung ständig zunimmt).

Die Liste der Verbote für die *gemeldeten Personen jüdischer Rasse* ist lang. Eine erste Reihe betrifft die Schule und die Kultur im allgemeinen: *Verboten ist das Unterrichten in jeglicher regulären oder weiterführenden Schule des Königreichs, die von italienischen Schülern besucht wird. Es ist verboten, Mitglied der Akademien, der Institute und der Verbände der Wissenschaften, Literatur und Künste zu sein. Es ist verboten, sich in regulären oder weiterführenden Schulen jeder Art einzuschreiben, die von italienischen Schülern besucht werden, oder solche Schulen zu besuchen* (übergangsweise wird den schon an der Universität eingeschriebenen jüdischen Studenten erlaubt, ihren Abschluß zu machen, aber nur, wenn sie die Regelstudienzeit nicht überschritten haben bzw. nicht überschreiten werden).
Eine zweite Reihe von Verboten betrifft an erster Stelle die »Reinheit« der Partei: *Es ist verboten, in der Nationalen Faschistischen Partei eingeschrieben zu sein.* Das Heer dagegen kommt an vierter Stelle: *Es ist verboten, im Krieg und im Frieden Militärdienst zu leisten.* Es folgt das Eigentum: *Es ist verboten, Besitzer oder Geschäfts-*

führer von Betrieben zu sein, die für die Verteidigung der Nation von Belang sind, oder von Betrieben mit mehr als hundert Arbeitern. Es ist verboten, Besitzer von Grundstücken zu sein, deren Wert fünftausend Lire übersteigt, und von städtischen Gebäuden, deren Gesamtwert über zwanzigtausend Lire hinausgeht. Es ist außerdem verboten, Hauspersonal arischer Rasse zu beschäftigen.

Im letzten Königlichen Dekret, datiert vom 17. November, wird das Werk vervollkommnet. Diesmal betrifft das Verbot die übrigen vierundvierzig Millionen Einwohner der Halbinsel: *Es ist dem italienischen Staatsbürger arischer Rasse unter Strafe der Annullierung verboten, mit anderer Rasse angehörigen Personen die Ehe einzugehen. Solche Ehen sind als nichtig zu betrachten* (dies wird der Grund für die größte Unstimmigkeit mit dem Vatikan bleiben).

Das letzte Dekret ist eine Art »Summa« der vorhergehenden. Es schließt in der Tat die Juden aus: *Von den zivilen und militärischen Verwaltungsbehörden des Staates. Von den Verwaltungsbehörden der Provinzen, der Kommunen, der Ämter, Institute und Betriebe, einschließlich der Verkehrsbetriebe und der städtischen Betriebe. Von den Verwaltungen der parastaatlichen Ämter, der Banken von nationalem Interesse und von den privaten Versicherungsunternehmen.*

Außerdem wird die Verwendung von Büchern jüdischer Autoren in den Schulen untersagt; das Verbot umfaßt auch Bücher von mehreren Autoren, wenn einer von ihnen Jude ist.

Zuletzt gibt es noch eine Reihe von Verordnungen, in denen Juden verboten wird, Urlaubsorte aufzusuchen, in Hotels zu übernachten, Reklame- oder Todesanzeigen in Zeitungen zu schalten, Radioapparate mit mehr als fünf Röhren zu besitzen, Bücher zu veröffentlichen, unter Pseudonym in der Presse mitzuarbeiten, Vorträge zu halten und ihren Namen ins Telefonbuch zu setzen.

Praktisch finden sich 48 032 Italiener jüdischer Religion oder Familie, die im Oktober noch vollberechtigte Staatsbürger waren, im November in »Personen jüdischer Rasse« verwandelt und als solche nicht nur registriert, sondern auch jenes »Status« beraubt, der allen ihren Mitbürgern garantiert ist; darüber hinaus wird ein großer Teil ihrer Güter enteignet. Für viele, die Mehrheit, bedeutet es auch den Verlust der Arbeit – und für alle den Verlust des Rechts auf Bildung.

Vom Rest der Bevölkerung isoliert, sehen sich diese 48 032 »Personen« von einem Tag zum anderen dem Wohlwollen ihrer Ex-Mitbürger ausgeliefert, die nicht selten der Versuchung nachgeben, diesen Umstand auszunutzen. Im Verlauf eines Monats sind sie ohne jede Schuld zu Tauschware mit dem ruhmreichen deutschen Verbündeten geworden, tragende Säule der Achse Rom–Berlin.

Allen wird nahegelegt, Italien zu verlassen. Es wird versucht, ein Dekret in diesem Sinne auszuarbeiten, das den Juden erlaubt, innerhalb des ersten Jahres acht Zehntel ihres Vermögens mitzunehmen; sollten sie sich nach dem fünften Jahr immer noch nicht entschieden haben zu gehen, werden sie nur noch drei Zehntel ihrer Habe mitnehmen dürfen. Und wenn sie noch länger darauf bestehen zu bleiben, werden sie eine Zusatzsteuer von zehn Prozent im ersten Jahr und von hundert Prozent im fünften Jahr entrichten müssen. Nach diesen fünf Jahren werden sie ausgewiesen, ihr Besitz wird enteignet und sie selbst werden in Arbeitslager gesperrt ...

Doch diese Maßnahmen werden aus ökonomischen Gründen nie in Kraft treten: Zu belastend ist es zu einer so entscheidenden Zeit wie 1939, auch nur auf einen kleinen Teil des nationalen Vermögens zu verzichten. Und wie soll man außerdem auswandern, wenn man keinen Paß mehr besitzt? Dieser wird den Jüngeren dann für kurze Zeit zurückgegeben; und diejenigen, die Unternehmungslust und Mut genug besitzen, ohne eine Lira in der Tasche einen Neuanfang zu wagen, verlassen Italien. Oder diejenigen, die vorausschauender waren und einen Teil ihrer Habe schon ins Ausland transferiert haben. In der Folge, zu Kriegsbeginn, wird das Auswandern beinahe unmöglich wegen der geringen bis gar nicht vorhandenen Bereitschaft anderer Länder, mittellose Flüchtlinge aufzunehmen, und wegen der immer restriktiveren Maßnahmen der Sicherheitspolizei.

Als unmittelbare Folge der Rassengesetze ist die Familie Treves aus Mailand, Eigentümerin eines 1861 gegründeten Verlags, der Verga, D'Annunzio und Pirandello veröffentlicht hat und gegenwärtig die »Illustrazione Italiana« herausgibt, gezwungen, das Unternehmen weit unter Wert zu verschleudern. Käufer ist der Industrielle Aldo Garzanti, der die Exklusivrechte für die Chemieprodukte von Dupont de Nemours in Italien besitzt.

Nicht anders ergeht es dem Verleger Bemporad aus Florenz, der große Verdienste im Schulbuchbereich erworben hat und in dessen Katalog neben den Werken Dantes die bedeutendsten Autoren des zwanzigsten Jahrhunderts stehen. Käufer ist Marzocco. Dramatischer ist der Fall des Verlegers Formíggini aus Modena. Formíggini stammt aus einer jüdischen Familie, die seit über dreihundert Jahren in Italien ansässig ist und wegen ihrer unternehmerischen und kulturellen Dynamik schon von den Päpsten von den Beschränkungen befreit wurde, die den Juden auf dem Gebiet des Kirchenstaats auferlegt waren. Angelo Fortunato Formíggini ist unter anderem der Verleger der »Classici per ridere« und der »Apologie«, Texten über die verschiedenen Religionen, die in mehrere Sprachen übersetzt wurden. Im Jahr 1918 gründete er das Istituto Leonardo für die Verbreitung der italienischen Kultur, und 1928 hatte er als erster die Idee zum italienischen »Chi è?«, einem Zwilling des amerikanischen »Who's who?«. In Rom, im Palazzo Doria, richtete er eine Bibliothek mit 30 000 Bänden ein. Nach einem erfolglosen Versuch, sich einer Gesetzgebung zu entziehen, die ihn von einem Tag zum anderen all dessen beraubt, was er voll Begeisterung geschaffen hat, begeht er, um auf »die bösartige Absurdität der rassistischen Maßnahmen hinzuweisen«, Selbstmord, indem er sich vom Ghirlandina-Turm in Modena stürzt.

Er war sechzig Jahre alt. In dem Brief, den er seiner Frau hinterlassen hat, nennt er die Gründe, die ihn zu einer so extremen Tat bewogen haben, ohnmächtig angesichts der Sinnlosigkeit von Gesetzen, die von hörigen, wenn nicht gänzlich ungebildeten Parteibonzen erlassen wurden, mit Billigung einer Gruppe ausgewählter Wissenschaftler, die so servil waren, daß sie jedes Berufsethos mißachteten.

Nicht zu vergessen die Absegnung durch Seine Majestät Viktor Emanuel III., König von Italien und Kaiser von Äthiopien, dessen Unterschrift, wie es heißt, am unteren Rand der Dekrete erscheint.

Im darauffolgenden Jahr, am 29. Juni, wird ein neues Dekret den Juden verbieten, den Beruf des Notars und des Journalisten auszuüben. Und was Ärzte, Apotheker, Tierärzte, Geburtshelfer, Rechtsanwälte, Staatsanwälte, Buchhalter, Architekten, Chemiker, Agronomen, Geometer, Agrartechniker und Industrietechniker angeht, werden alle aus den entsprechenden Berufsverbänden und Einzelgewerkschaften ausgeschlossen, und die Ausübung ihrer Berufe »zugunsten der Arier« wird ihnen untersagt. Sie können ihre Berufe nur noch untereinander ausüben. Und zwischen Ariern und Semiten wird jede Form von Verbund oder Zusammenarbeit verboten.

Auch das neue Bürgerliche Gesetzbuch wird angepaßt und bestimmt am 1. Juli unter Artikel I: »Die juristische Fähigkeit erlangt man im Augenblick der Geburt. Die Einschränkungen der juristischen Fähigkeit, die sich aus der Zugehörigkeit zu bestimmten Rassen ergeben, werden durch Sondergesetze festgelegt.« Am 13. Juli wird schließlich mit Gesetz Nr. 1024 die Figur des »Arisierten« geschaffen. Als »Arisierter« gilt der, den das Rassentribunal auf Antrag des Innenministeriums auch ungeachtet dessen, was aus den Akten des Standesamts hervorgeht, als »nicht zur jüdischen Rasse gehörig« anerkennt. Ein Gesetz, das sich auf absolute Willkür gründet, grotesk und tragisch zugleich, und das einer kleinen Gruppe korrupter Beamter und einer großen Zahl von Personen zugute kommen wird, die die Immoralität der Korrupten ausnutzen, um ein Vermögen anzuhäufen. Die »Arisierung« wird zuletzt in Rom einen regelrechten Markt mit Preisen zwischen 500 000 und 2 000 000 Lire haben.

Im Istituto Massimo, wo mein Bruder die zweite Klasse Gymnasium besucht, gratuliert der Italienischlehrer am Tag nach dem Inkrafttreten der Gesetze, mit denen die Schüler »jüdischer Rasse« aus allen öffentlichen Schulen des Königreichs ausgeschlossen werden, in der Klasse öffentlich dem Schüler Mario Farinacci, dem Enkel des berühmten Roberto Farinacci. In der Tat war letzterer einer der hartnäckigsten Verfechter der neuen Verordnungen. Es kümmert den Herrn Professor Giordano kaum, daß in den Bänken seiner Klasse auch zwei Schüler »jüdischer Rasse« sitzen, die diesen Gesetzen als erste zum Opfer fallen. Zwei frisch konvertierte »Volljuden«.

Während die Juden in Italien das Recht auf Arbeit und gleichzeitig das Recht auf Bildung verlieren, nehmen in Deutschland zahlenmäßig kleine und perfekt organisierte Stoßtrupps die Ermordung des Gesandtschaftsrats Ernst vom Rath in Paris, »verübt von jüdischer Hand«, zum Vorwand, um in der Nacht vom 9. auf den 10. November die jüdischen Geschäfte zu plündern und die Synagogen in Brand zu stecken. Viele Frauen werden vergewaltigt. Es ist die Nacht, die wegen der mit lautem Getöse zertrümmerten Schaufensterscheiben als »Kristallnacht« in die Geschichte eingehen wird; und am nächsten Tag werden die Juden gezwungen, die Straßen von den Spuren der Plünderung und den Glasscherben zu reinigen. 267 Synagogen wurden verwüstet und sind in Flammen aufgegangen, 7400 Geschäfte wurden geplündert oder zerstört, es gibt etwa hundert Tote und sehr viele Verletzte. An die 30 000 Juden werden festgenommen und 11 000 nach Dachau, 10 000 nach Buchenwald verschleppt. In Österreich geht es nicht besser zu,

42 Synagogen wurden zerstört und 27 Juden getötet, 6500 nach Dachau deportiert. Darüber hinaus wird der Jüdischen Gemeinde des Deutschen Reichs auferlegt, eine Geldstrafe von einer Milliarde Mark zu zahlen. Allen Juden ist von diesem Augenblick an der Zutritt zu Hotels, öffentlichen Lokalen, Theatern, Kinos und einigen Stadtvierteln untersagt.

Aber trotz der Bestürzung, die die Gewalttätigkeit in Europa und den USA auslöst, wird die Einwanderungspolitik, was die Juden betrifft, nicht verändert. Auch von der deutschen Kirche kommt keinerlei offizieller Protest. Die einzige machtvolle Stimme, die sich zur Verteidigung der Verfolgten erhebt, ist die des Dompropsts der St.-Hedwig-Kathedrale in Berlin, Bernhard Lichtenberg (wir werden diesem mutigen Geistlichen wiederbegegnen). Am Abend des 10. November fordert er die Gläubigen von der Kanzel aus auf, für die Juden zu beten, und warnt: »Was gestern war, wissen wir, was morgen ist, wissen wir nicht, aber was heute geschehen ist, das haben wir erlebt: Draußen brennt der Tempel – das ist auch ein Gotteshaus.«

Aus London erbittet der Erzbischof von Westminster die formale Unterstützung des Papstes für eine Versammlung, die in London abgehalten wird, um Beistand und Hilfe für diejenigen zu fordern, die aus rassischen und religiösen Gründen verfolgt werden, und er ersucht den Papst, sich einer öffentlichen Erklärung anzuschließen, die betont, daß es in Christo keine Rassendiskriminierungen geben darf und daß die große Familie der Menschheit geeint bleiben müsse. Staatssekretär Pacelli notiert beim Eintreffen der Aufforderung: »Wenn die Sache im wesentlichen privaten Charakter hätte, wäre es einfacher, andererseits muß der Eindruck vermieden werden, man habe Angst vor etwas, was man nicht fürchten darf.« Die Antwort, die ausgearbeitet wurde, um die Bitte abzuschlagen, ist jedenfalls ein kleines Meisterwerk der Diplomatie: »Der Heilige Vater hat im Augenblick so viele Sorgen, nicht nur wegen seiner Gesundheit, sondern auch wegen der vielen Fragen, deren er sich annehmen muß, daß er, da er sich nicht persönlich um die verlangte Botschaft kümmern kann, Seine Eminenz beauftragt, gewiß zu sein, Seinen Allerhöchsten Gedanken richtig zu deuten mit der Aussage, daß der Römische Papst mit menschlichem und christlichem Auge auf alle Werke der Nächstenliebe und des Beistands zugunsten derjenigen blickt, die sich zu Unrecht in Kummer und Leid befinden.«

Kaum zwei Monate später wird Pater Agostino Gemelli, Rektor der Katholischen Universität von Mailand und Herausgeber der Zeitschrift »Vita e Pensiero«, an die Universität in Bologna gerufen, um Guglielmo da Salicetos zu gedenken. Es ist der 9. Januar 1939, und vor dem Publikum aus Studenten und Professoren, das ihm aufmerksam folgt, drückt er seine Gedanken über die Juden aus: »Zweifellos tragisch und schmerzlich ist die Lage derjenigen, die wegen ihres Blutes und ihrer Religion nicht zu diesem herrlichen Vaterland gehören können; es ist eine tragische Situation, in der wir einmal mehr, wie schon so oft im Lauf der Jahrhunderte, sehen, wie jenes schreckliche Urteil eintrifft, welches das Volk, das Gott getötet hat, sich selbst gesprochen hat und weswegen es ruhelos durch die Welt wandert, unfähig, in einem Vaterland Frieden zu finden, während die Folgen des schrecklichen Verbrechens es überall und zu jeder Zeit heimsuchen werden.«

Für Pater Gemelli – nach ihm sind der Platz, an dem die Katholische Universität in Mailand ihren Sitz hat, und die Poliklinik Gemelli in Rom benannt – bedeutet diese Art von Äußerung nichts Neues. Im Jahr 1924, Bezug nehmend auf den Selbstmord von Felice Momigliano, äußerte er sich in der Ausgabe der Zeitschrift »Vita e Pensiero« vom 5. August folgendermaßen: »Ein Jude, Mittelschullehrer, großer Philosoph, großer Sozialist, Felice Momigliano, hat Selbstmord begangen. Die Journalisten ohne Rückgrat haben weinerliche Nachrufe geschrieben. Jemand deutete an, daß er Rektor der Universität Mazziniana war ... Aber wenn zusammen mit dem Positivismus, dem Sozialismus, den Freidenkern und mit Momigliano auch die Judäer stürben, die das Werk der Judäer weiterführen, die unseren Herrn gekreuzigt haben, ginge es einem doch besser auf der Welt, nicht wahr? Es wäre eine noch vollkommenere Befreiung, wenn sie vor dem Sterben reuig das Taufwasser verlangten ...«

Am 19. Januar 1939 fühlt sich auch Kardinal Piazza verpflichtet, im »Osservatore Romano« Stellung zu nehmen und sich über den Gottesmord und über die Kirche auszulassen, die gezwungen war, »sich und ihre Gläubigen zu verteidigen gegen die gefährlichen Berührungen und die Aufdringlichkeit der Juden, die in Wahrheit das ererbte Merkmal dieses Volkes zu sein scheint«.

An meinem Tagesablauf hat sich nichts geändert; auf den blauen Möbeln meines Zimmers, dem Bild mit den Schlittschuh laufenden Kindern, dem hölzernen Lampenschirm in Karussellform liegt kein Staubkörnchen mehr als früher. Und wenn es Professor Luzzatti verboten wurde, sein struppiges Ohr an meinen fieberheißen Rücken zu legen, so ist es jetzt das kaum fettige, weiche und lauwarme Ohr des Professors Vannuttelli, das meine Bronchien abhorcht und entscheidet, ob ich Leinsamenumschläge brauche. Italia bohnert das Parkett, und wenn ich mich auf den Blocker stelle, fährt sie mich im Zimmer auf und ab. Dann sagt sie: »Genug jetzt, steig ab, es ist mir zu anstrengend.« Am Nachmittag, an dem Annemarie Ausgang hat, bringt Italia mich zum Spielen in die Anlagen an der Tiberstraße gegenüber vom Marineministerium. Sie zieht ihren Mantel über die Schürze, und wenn sie sich bückt, um mir den Schal umzulegen, nehme ich den Hühnergeruch ihrer Haut wahr. Er gefällt mir. Letizia, die Köchin, hat dagegen nichts, was mir gefällt, ihr fehlen einige Vorderzähne, und ihre Fußnägel sind krumm und grünlich, Papa sagt, sie ist schmutzig, aber eine großartige Arbeiterin, und einmal hat sie es fertiggebracht, an einem Nachmittag dreizehn Marmeladekuchen zu backen. Der Junge, der das Eis bringt, kommt jeden Morgen mit einem Eisblock, der in einen Jutesack gewickelt ist, und zerkleinert ihn vor Letizia, die die Stücke dann in den mit Zink ausgeschlagenen Eisschrank legt. Wir werden nicht danach gefragt, und es wird uns nichts gesagt von jenen Gesetzen, die bald für fast fünfzigtausend Juden den Beginn einer Katastrophe bedeuten. Nicht einmal am Sonntagabend, wenn Onkel Nino zum Essen kommt und uns erlaubt wird, mit den Großen am Tisch zu sitzen. Onkel Nino ist Richter, und Italia nennt ihn Exzellenz. Er ist mein Patenonkel und hat mich in der Peterskirche zusammen mit Signora Basile über das Taufbecken gehalten. Auch wenn ihm nur schöne und fröhliche Frauen wie Mama gefallen.

Ich weiß nicht, was in der Wohnung gegenüber geschieht, wo ich ab und zu flüchtig jenen Säugling sehe, der inzwischen kugelrund geworden ist und den Kopf zwischen die kleinen Säulen des Balkongeländers steckt. Und jetzt, seit ich die Grundschule besuche, bringt mich Annemarie morgens nicht mehr nach Valle Giulia, deshalb weiß ich nichts mehr von dem kleinen Mädchen mit dem goldenen Stern. Ob es immer noch Petit-bateau-Höschen trägt und mit dem schönen bunten Schäufelchen spielt.

Nichts stört in jenem Winter des Jahres 1939 die Ordnung in der Via Flaminia, wo der Lebensmittelhändler Garibaldi heißt und der Bäcker Cantiani; weder im Winter noch im darauffolgenden Frühling, als ich mich über die Balkonbrüstung beuge, um zuzusehen, wie die Straßenbahn in Richtung Stadion um die Ecke fährt mit den begeisterten Piccole Italiane, die sich in schwarzweißer Uniform aus den Fenstern lehnen. Ich beneide sie, die »Schwälbchen«, wie meine Lehrerin sie mit emphatischer Stimme nennt. Es werden schreckliche Dinge geschehen müssen, damit ich zu jener Zeit zurückkehre und in den Abgrund blicke, in den Signora della Seta, die Levis und jenes Kind, das ich zwischen einem Fenster und dem anderen hin und her trotten sehe, abgleiten, ohne daß das geringste Geräusch davon zu mir dringt. Ich habe nicht einmal bemerkt, daß Giorgio Levi nicht mehr an unserer Tür klingelt, um meinen Bruder zum Fußballspielen abzuholen. Dafür höre ich, wie er nachmittags endlos Klavier übt. Sein Vater, der leitender Angestellter bei den Elektrizitätswerken war, hat seine Stelle verloren und schlägt sich mit Übersetzungen von technischen Texten aus dem Englischen durch. Ab und zu betraut ihn ein Freund mit dem Verkauf eines Gemäldes des neapolitanischen 19. Jahrhunderts, da er ihn für einen Kenner dieser Stilrichtung hält; und ich fahre im Aufzug mit ihm hinauf. Er ist ein großer, hagerer Mann, das in Papier gewickelte und mit Bindfaden verschnürte Bild baumelt an seiner Hand, auf dem Kopf trägt er einen Hut, und ich kann nicht sehen, ob es stimmt, daß er kahl ist, wie Italia behauptet. Die Haare, sagt Italia noch, hat er alle im Libyenkrieg verloren, durch den Helm und den Schweiß.

Bis eines Tages ein großes Geschrei herrscht im Hausflur: Gegenstand des Streits ist der Aufzug. Elsa, die Portiersfrau, ist eben aus dem Türchen neben der Treppe hervorgeschossen und schreit. Ihr Mann, Domenico, ist nicht da, die Portiersloge ist leer. Elsa hat dunkelblaue Augen, funkelnd und wild, und sie trocknet sich noch die vom Wäschewaschen feuchten Hände an der Schürze. Ich habe sie noch nie so schreien hören, ihre Stimme ist spitz, aggressiv. Giorgio Levi ist gerade mit seinem Fahrrad hereingekommen und wartet auf den Aufzug. Sie brüllt ihn an, daß er das Fahrrad nicht in den Aufzug mitnehmen darf, daß er es auch nicht im Eingang oder sonst irgendwo abstellen darf, und sie schreit weiter, daß es am besten wäre, wenn er den Aufzug überhaupt nicht benutzte, erstens, weil er kein Recht dazu habe, und außerdem, weil er ihn ihr immer so verdrecke. Wortlos hebt der Junge daraufhin sein Fahrrad hoch und beginnt, mühsam die Treppe hinaufzusteigen: Ich sehe seine krausen Haare, seine Knickerbocker. Elsa folgt ihm mit dem Blick, bis er verschwindet, erst dann kehrt sie, beruhigt, zurück in ihre dunkle, höhlenartige Wohnung, deren Fenster auf Bürgersteighöhe liegen. Auch wenn sie die Portiersfrau ist, sie ist Arierin, und der da ist ein elender Jude.

Italia und ich sind wie angewurzelt im Eingang stehengeblieben, und sowie der Aufzug kommt, schlüpfe ich hinein. Ängstlich warte ich, daß Italia die Tür schließt und auf den Knopf für unser Stockwerk drückt: das zweite. Und während Italia mir den Mantel aufknöpft, ihr Gesicht ganz nah an meinem, empfinde ich ihren Hühnergeruch so tröstlich wie noch nie, und tröstlich und beruhigend ist der Anblick ihrer blassen großporigen Haut. Wie Balsam ist das klagende Ächzen des Aufzugs, der die Furcht abhält, sie dem »Levi-Jungen« aufbürdet und sie hinter der mit einem dumpfen Knall zufallenden Tür wegsperrt, zusammen mit dem Stufe für Stufe hinaufgetragenen Fahrrad.

Als wir am Abend zu Hause erzählen, was vorgefallen ist, zeigt Papa sich empört. Der Tadel für Elsa ist bitter, während er die Levis bedauert, »hochanständige Leute, wenn auch Juden ...«, die gezwungen sind, Elsas Überheblichkeiten zu ertragen. Elsa erscheint mir nicht mehr wie die eifrige Hüterin unserer Sicherheit, sondern wie eine Spionin, die in ihrer Höhle lauert und jede Geste, jedes Wort überwacht. Papa dehnt seine Empörung dann auch auf die sehr faschistischen Nachbarn im obersten

Stockwerk aus, jenen jungen Mann, der immer das Schwarzhemd trägt, bestimmt ein Spitzel des Geheimdiensts. Bis zu meiner großen Entrüstung auch der König nicht verschont bleibt und als »skrupelloser Flegel« bezeichnet wird.

Doch in der Nacht kommt mir ein Zweifel und zwickt mich im Gedärm: Wenn die Neugeborenen den Eltern in einem Körbchen vor die Tür gestellt werden, wer kann mir dann versichern, daß ich vor der richtigen Tür abgestellt wurde und nicht für die gleich daneben bestimmt war, die Tür der Familie Della Seta – der Della Seta, die Juden sind, »wenn auch hochanständige Leute«? Wie kann man sicher sein, wirklich ganz sicher, daß es keinen Irrtum gegeben hat und ich nur aus Versehen vor der Tür mit dem leicht gewölbten Messingschild abgestellt wurde, das Italia jeden Samstagnachmittag poliert und auf dem Papas Name glänzt?

Die Laienschwester jätet Unkraut rund um die Erdbeerpflänzchen und weint, die Blätter der Passiflora zittern im Frost. Pius XI. ist tot, und wir blicken zum Petersdom. Der Nordwind hebt Mater Gregorias Schleier und deckt in ihrem Nacken kurze dunkle Haare auf, ihre Augen sind rund und fassungslos. Der Papst ist im Morgengrauen gestorben, ohne einen Schrei, ohne eine Botschaft, wie vom Wasser verschluckt; und die verstörten Nonnen warten vergeblich auf ein Zeichen des Himmels. Kniend beten sie auf den hellen Holzbänken in der Kapelle, die roten durchbohrten Herzen auf der Brust, und die gestärkten Hauben umschließen wie eine Monstranz Gesicht und Tränen. Langgezogene drohende Wolken zerfransen am Himmel: Auf diesen Wolken reist der

Tod, und selbst die blaue Madonna von Lourdes im flak-
kernden Kerzenkranz kann ihn nicht aufhalten. Auch
wir müssen beten; und als die Dämmerung kommt, stehen wir, während wir darauf warten, daß wir heimgehen
dürfen, schweigend vor dem großen Fenster zum Tal und
betrachten den kleinen Zug der Linie Roma-nord, der
die brachliegenden Felder durchschneidet, wo der
Aniene sich grausilbern zwischen den mit fahlem Röh-
richt bestandenen Ufern dahinschlängelt.

Doch weder die Salve Regina und die Ave Maria noch
die klagenden Psalmverse können Pius XI. ins Leben zu-
rückholen, gefaltet ruhen seine Hände auf dem herme-
linbesetzten Purpurmantel, sein Gesicht ist wie Marmor,
und die gespreizten Füße in den weißen Atlasschühchen
beben kaum, als er auf dem Katafalk niedergelegt wird.
Im Wind, der die Wolken über den Soratte treibt, erheben sich seltsame Stimmen zum Himmel, wie ein
Schauer, voll frommer Furcht, mit leisem Kopfschütteln
geflüsterte Worte, fast ein Vorwurf an den Todesengel,
der so blitzartig herabgestürzt war, kaum einen Tag vor
der Konferenz, die der Papst anberaumt hatte, um am
Vorabend des zehnten Jahrestages der Lateranverträge zu
den Bischöfen zu sprechen. Die Tränen laufen Mater Cecilia über die Wangen, ihr Taschentuch ist schon ganz
naß, »ein Herzleiden«, sagt sie mit ihrem runden, flüssi-
gen »r« einer Französin, ein »Herzleiden« … Und das
Wort klingt wie voller Spitzen und Fragen, während die
Hand auf die Brust zeigt, wo die Krankheit sitzt, jenes
durchbohrte Herz, dessen gestickter Fleck rot aufglüht.

Lange wird man Vermutungen anstellen über die nicht gehaltene Rede von Pius XI. Gesichert ist nur, daß in der Nacht zum 10. Februar einige Blätter auf seinem Tisch lagen, die am folgenden Morgen verschwunden waren. Bis sie 1959 wieder auftauchten, als Johannes XXIII., kaum gewählt, den Wortlaut einiger Stichpunkte veröffentlichte. Denn sonst existiert nichts. Geschrieben von einer Hand, die der Erschöpfung nachgibt, werden die letzten Worte undeutlich, wie ein Pfad, der sich im Wald verliert. Es muß sich um eine nicht unbedeutende Rede gehandelt haben: Zum ersten Mal, seit er 1922 Papst geworden war, hatte Pius XI. alle Bischöfe zusammengerufen. Heute ist es schwierig, Vermutungen darüber anzustellen, welche Worte er gewählt hätte, um die Infamie anzuprangern, die zusammen mit unschuldigen Menschen jede christliche Barmherzigkeit auslöschte. Die wenigen, nach einundzwanzig Jahren wieder aufgetauchten Notizen scheinen sich hauptsächlich um die Seminare und die Ausbildung der Priester zu drehen, und nur der letzte Abschnitt befaßt sich – in plötzlich schneidender werdendem Ton – mit der brennendsten Frage: »… eine Presse, die alles gegen Uns und Unsere Angelegenheiten sagen kann, indem sie sogar auf falsche und pervertierende Art die nähere und fernere Geschichte der Kirche in Erinnerung ruft und interpretiert; das geht so weit, daß man schließlich jegliche Verfolgung in Deutschland beharrlich abstreitet, eine Leugnung, die mit einer falschen und verleumderischen politischen Anschuldigung einhergeht, so wie man ja auch den unter Nero Verfolgten den Brand von Rom zur Last legte …« Dann wird die Schrift unleserlich, die Silben sind verzerrt, die Hand kann die Feder nicht mehr halten.

Die letzten Worte des Papstes, die in jenem Winter bis

zu uns gedrungen waren, sind ebenfalls aus einer Rede an die Kardinäle, gehalten am Weihnachtsabend, als Pius XI. das Hakenkreuz als »ein dem Kreuz Christi feindliches Kreuz« bezeichnet hatte.

Am nächsten Morgen war Weihnachten. Um das Radio kniend, hatten Mama, Papa, Letizia, Italia, Annemarie und wir Kinder schweigend zugehört, wie der Papst den Segen Urbi et Orbi erteilte. Seine trotz des Alters noch feste Stimme klang ganz nah und deutlich, er betonte einzeln jede Silbe, als hätte die lateinische Formel in ihrer Ritualität den Orakelspruch der Sybille enthalten sollen. Wo das Leben möglich ist und gleichzeitig der Tod.

Dieser Papst war nicht leicht einzuschüchtern; ein standhafter Mann, unmöglich, ihn kleinzukriegen in jenem Februar 1939 für denjenigen, der beschlossen hat, zu dem Mörder im knöchellangen Mantel mit der haßerfüllten Stimme überzulaufen. Bei der letzten Audienz, die Pius XI. dem englischen Premierminister Chamberlain und Lord Halifax bei deren Rombesuch gab, hatte er noch deutlich ausgedrückt, was er von den reaktionären Regimen, von den Pflichten der Demokratien, von Rassenverfolgung und von der dringenden Notwendigkeit, den Flüchtlingen zu helfen, dachte. Und auf die Bilder von Sir Thomas More und Kardinal John Fisher weisend, hatte er hinzugefügt: »Ich sitze oft hier und denke an die Engländer, ich bin glücklich zu glauben ... daß diese beiden Engländer das Beste in der englischen Rasse vertreten, in ihrem Mut, ihrer Bestimmtheit, ihrer Kampfbereitschaft, ihrer Bereitschaft zu sterben, wenn nötig, für das, was sie für recht hielten ...«

Es mutet sonderbar an, unter den für seine Gesundheit zuständigen Ärzten an jenem Morgen des 10. Februar den Namen von Dr. Marcello Petacci wiederzufinden, Bruder der bekannteren Claretta, die einen so großen Platz im Herzen unseres Duce einnimmt. Seit einiger Zeit ist die Familie Petacci sehr einflußreich, und dank der Gunst, die sie genießt, kann sie sich eine Villa im Hollywoodstil an den Hängen des Monte Mario in der grünen römischen Vorstadt leisten, wo Mussolini zu Hause ist. Doch dies will noch nichts heißen. Pius XI. war zweiundachtzig Jahre alt, ein ehrwürdiges Alter, und der für die Ansprache an die Bischöfe gewählte Tag war auch der Jahrestag seiner siebzehn Jahre zuvor erfolgten Krönung zum Papst. Und als am Vortag um halb fünf Uhr morgens, in noch nächtlicher Dunkelheit, Radio Vatikan die Welt plötzlich in Aufruhr versetzte mit der Nachricht, der Papst habe sich unwohl gefühlt, war niemand besonders erstaunt. In Wirklichkeit war Pius XI. schon tot; aber erst um Viertel nach fünf, als sich im Sonnenaufgang allmählich die fahlen Umrisse der noch im Schlaf liegenden Stadt abzeichneten, hatte eine ausdruckslose, ernste, langsame, der Feierlichkeit des Ereignisses angemessene Stimme bekanntgegeben: Pius XI. ist nicht mehr von dieser Welt. Alles ist vollbracht. Während die ersten Straßenbahnen ratternd die Depots verließen, die Gehilfen der Milchmänner den Korb mit Milchflaschen aufluden und geräuschvoll die Atempause des Schlafs durchbrachen: 10. Februar 1939.

Und Mussolini, der am 14. Dezember, als die Spannung mit Pius XI. am stärksten gewesen war, Ciano gegenüber seinem Unmut Luft gemacht hatte (was Ciano eifrig in seinem Tagebuch vermerkte: »Ich berichte dem Duce vom Gespräch mit Pignatti [Botschafter beim Vatikan]. Er bekommt einen Wutanfall, hofft auf den baldigen Tod des Papstes«), läßt sich bei der Nachricht, so prompt erhört worden zu sein, dazu hinreißen, seine Befriedigung auszudrücken: »Endlich ist er tot, dieser halsstarrige Mann!«

Doch wenig später, es sind nur einige Tage vergangen, sind die Nonnen freudig erregt, ihre weißen Gewänder flattern wie Taubenflügel – wegen des dünnen Rauchfadens, der am Himmel über dem Petersdom aufsteigt. *Habemus papam, habemus papam*, jubeln sie, und Mater Cecilia ballt strahlend die Hände zu Fäusten, ihre Wangen glänzen vor Glück wie zwei Äpfel. Sogar die Oberin kommt aus ihrem Tabernakel im Türmchen, uralt geht sie auf dem Kies durch den Garten und umarmt bald Mater Cecilia, bald Mater Enrichetta und Mater Gregoria, wie Insekten legen sich ihre kleinen verschrumpelten Finger auf das Weiß der Gewänder.

Mit dem Namen Pius XII. ist nach nur einem Tag Konklave der Staatssekretär Kardinal Eugenio Pacelli gewählt worden, ein Römer aus einer ursprünglich aus Viterbo stammenden Adelsfamilie, die sehr eng mit der Kurie verbunden ist. Sein Cousin ist Ernesto Pacelli, der lange das Amt eines geschäftsführenden Vorstandsmitglieds beim Banco di Roma ausgeübt hatte, eben dem Bankinstitut, das die Oberaufsicht über die Finanzen des Vatikans führt. Von 1917 bis 1929 war der neue Papst Nuntius in Deutschland, bis 1920 in Bayern und dann in Berlin. Und eben in Bayern war er 1919 anwesend, als sich bei den Kämpfen zwischen Bolschewisten und republikanischen Regierungstruppen einige Spartakisten unter Gewaltanwendung in die Nuntiatur flüchteten; und als der Nuntius protestierte, wurde er anscheinend mit der Pistole bedroht.

Ein Ereignis, auf das Pius XII. selten zu sprechen kommen wird, das sich ihm aber so unauslöschlich eingeprägt hat, daß er noch 1937 vollkommen taub ist für den Appell der drei baskischen Priester, die nach der Bombardierung von Guernica nach Rom gekommen sind, um Pius XI. einen Brief des Generalvikars ihrer Diözese zu überreichen. Die drei Priester bringen den Augenzeugenbericht von neun ihrer Mitbrüder, die das Massaker an der baskischen Bevölkerung mit ansehen mußten. (Als Pater Mancheca und Pater Augustin Souci im April in Rom eintrafen, hatte Pacelli, damals Staatssekretär, sie durch Monsignor Pizzardo wissen lassen, es sei nicht nötig, daß der Papst sie empfange, da sie ja einen Brief brächten; er werde sie informieren, wie und wann sie ihren Appell übergeben könnten. Doch dann hatte sich mehrere Tage lang niemand gemeldet, bis eines Mittags, als Pater Mancheca und Pater Souci in einer kleinen Trattoria beim Essen saßen, in großer Eile ein Bote des Vatikans eintraf und ihnen mitteilte, der Staatssekretär werde sie unter der Bedingung empfangen, daß das Treffen geheim bleibe und auf keine Weise erwähnt werde, aus welchem Grund sie nach Rom gekommen waren. Ohne ihre Mahlzeit zu beenden, waren ihm die beiden Priester in den Vatikan gefolgt. Der zukünftige Pius XII. hatte sie stehend empfangen. Sie hatten den Brief an den Papst erwähnt, und sofort hatte Pacelli ihnen in eisigem Ton die Tür gewiesen: »Die Kirche wird verfolgt in Barcelona«, waren seine einzigen Worte.)

Eine kräftige Nonne aus Ebersberg, im Dienst Eugenio Pacellis, des neuen Papstes, seit er 1917 in Bayern als Nuntius begann, hält Einzug in die päpstlichen Gemächer, um über die Mahlzeiten und die Ordnung in den Zimmern Pius' XII. zu wachen; es ist ihr bestimmt, bis zum Tod bei ihm zu bleiben. Eine zielbewußte, despotische Frau, ergeben bis zum Fanatismus: Kardinal Tisserant wird sie als »die Päpstin« bezeichnen. Wer weiß, was diese Schwester Pascalina Lehnert von den Spruchbändern am Ortseingang von Rosenheim hält, nur wenige Kilometer von ihrem Heimatort entfernt: Hier will man keine Ansteckung durch Juden. Mehr als mein Vater bewundert der neugewählte Pius XII. den Fleiß und die erstaunliche Ordnungsbegabung des Volkes zwischen Rhein und Weichsel, die Disziplin seiner blonden Jugend. Er liebt die Sprache und die Bräuche so sehr, daß er seine Wohnung im Vatikan nur mit Möbeln aus deutschem Holz einrichtet, von deutschen Handwerkern gefertigt. An der Wand hängt ein großes Ölgemälde deutscher Schule, und bei Tisch ißt man von Tellern aus deutschem Porzellan, trinkt aus Gläsern aus deutschem Kristall, benutzt Silberbesteck deutschen Fabrikats. Die drei Nonnen, die für seine Person zuständig sind, müssen deutsch mit ihm sprechen. Er liebt auch die Vögelchen, der neue Papst, und ein Kanarienvogelpärchen namens Hänsel und Gretel leistet ihm Gesellschaft, während er ißt und arbeitet. Gretel, zärtlich Gretchen genannt, ist ganz weiß und läßt sich mit Vorliebe auf seinen Papieren nieder.

Er war es, damals noch Kardinalstaatssekretär, der die Verhandlungen vorantrieb, um im Juli 1933 das Konkordat zwischen Kirche und Hitlerreich zu unterzeichnen, »in dem Versuch, für die ungewisse Zukunft die Konkordate zu retten und sie territorial und inhaltlich auszuweiten«, wie er sich später rechtfertigen würde (Pius XII., 19. Juli 1947). Und der erste Diplomat, der vom neuen Papst empfangen wird, ist der deutsche Botschafter Diego von

Bergen, während ein persönlicher Brief Hitler über den glücklichen Ausgang des Konklaves informiert. Auch Mussolini beeilt sich, kaum daß der feine weiße Rauch über der Kuppel des Petersdoms in den Himmel steigt, am 2. März seinem Kollegen und Kameraden Hitler zur Wahl des ehemaligen Nuntius in Berlin zu gratulieren.

Neuer Staatssekretär wird Kardinal Luigi Maglione, der auf Befehl von Pius XII. dem »Osservatore Romano« Anweisung gibt, von nun an antideutsche Kommentare zu vermeiden. Gleichzeitig verschwinden aus den deutschen Zeitungen die Angriffe auf den Vatikan.

Der Jubel ist also beinahe allgemein, als die silbernen Trompeten am 12. März die Einkleidung des neuen Papstes verkünden und die *coronam auream* sich langsam herabsenkt *super caput eius*. Im riesigen Kirchenschiff des Petersdoms erklingen himmlische Melodien, gesungen von Jungfrauen und Knabenchören, während das diplomatische Corps geschlossen mit seinen Farben neben dem Purpur der Kardinäle aufgereiht ist und sich eine gerührte Menschenmenge hinter den Absperrungen auf dem Petersplatz drängt. Anschließend streifen freudig erregte Gruppen von Priestern des Collegium Germanicum durch Rom, sie sind jung und rot gekleidet, mit einem breiten schwarzen Gürtel in der Taille. Die gleichen Farben wie die Reichsfahne, die in dieser letzten Friedenszeit schlaff an den Fahnenstangen flattert.

Es werden dreiunddreißig Jahre vergehen, bis man wenigstens in Bruchstücken erfahren kann, was der Wille Pius' XI. war, und was er den Bischöfen an jenem 11. Februar 1939 vermutlich zu sagen beabsichtigte. Und sechsundfünfzig Jahre werden vergehen, bis man vom

Wortlaut der Enzyklika *Humani Generis Unitas* Kenntnis erhält, die auf seine Bitte hin von einem französischamerikanischen Jesuiten vorbereitet wurde.

John LaFarge, mütterlicherseits mit Benjamin Franklin verwandt, ist 1938 ein junger Priester, der sich in den Vereinigten Staaten mit dem Problem der Schwarzen und des Rassismus beschäftigt hat, insbesondere in Maryland, wo er bis 1926 gelebt hat. 1937 hat er *Interracial Justice* veröffentlicht, ein Buch, das ihn zum katholischen Wortführer im Kampf um Gerechtigkeit für alle Rassen in seinem Land gemacht hat. Am 2. Mai ist er mit dem Dampfer *Volendam* in England eingetroffen, um im Auftrag der katholischen Wochenzeitschrift »America«, deren Redakteur er ist, Untersuchungen über die Lage in Europa durchzuführen.

Nach Rom kommt er am 5. Juni; und kurz bevor er wieder abreist, wird er vom Rektor der päpstlichen Universität Gregoriana, Pater Vincent McCormick, eingeladen, an einer Generalaudienz in Castel Gandolfo teilzunehmen. Einige Tage später, als er im Begriff ist, nach Spanien aufzubrechen, erreicht ihn eine Botschaft aus dem Vatikan: Der Papst wünscht ihn privat zu treffen und gibt ihm einen Termin. Am 22. ist LaFarge erneut in Castel Gandolfo. Pius XI. sagt ihm, er habe *Interracial Justice* gelesen und schätze es sehr: Es sei das Beste, was er zu diesem Thema kenne, bekräftigte er. Und gerade zu der Zeit, als er nach einer Person suche, die sich der Aufgabe annehmen könne, die ihm am meisten am Herzen liege, habe Gott ihm Pater LaFarge gesandt. Mit jedem Tag, der vergehe, scheine es ihm, als würden Rassismus und Nationalismus immer mehr verschmelzen, und das Problem bedränge ihn unaufhörlich. Pater LaFarge solle ihm den Entwurf für eine Enzyklika über den Rassismus ausarbeiten und sich verpflichten, strengstes Stillschweigen darüber zu bewahren. Er sei sich im klaren, daß er eigentlich vorher mit dem Pater General der Jesuiten darüber hätte sprechen müssen, aber es sei wohl auch so in Ordnung, sagt er. Er werde dem Pater General noch am selben Tag schreiben, um ihm die Sache mitzuteilen und ihn zu bitten, LaFarge alle Mittel zur Verfügung zu stellen, die unerläßlich sind, um das Vorhaben durchzuführen. Und nachdem er in groben Zügen das Thema, die anzuwendende Methode und die zu berücksichtigenden Grundsätze erläutert hat, fügt er hinzu: »Sagen Sie einfach, was Sie sagen würden, wenn Sie selbst der Papst wären.«

Für den jungen Jesuiten ist es, »als stürze ihm der Petersdom auf den Kopf«. Am 27. Juni, einem Montag, trifft er den General seines Ordens, den polnischen Pater Wladimir Ledochowski, der ihm zwei Mitarbeiter zur Seite stellt: den deutschen Jesuiten Gustav Gundlach (den Autor der anonymen Sendung in Radio Vatikan vom März 1938) und den französischen Jesuiten Gustave Desbuquois, Herausgeber der Zeitschrift »L'Action Populaire« in Paris. Sie vereinbaren, daß LaFarge, wenn die Arbeit abgeschlossen ist, das Manuskript persönlich Pater Ledochowski überbringen soll, der es seinerseits übernehmen wird, es Pius XI. zu übergeben. Auch der Pater General betont noch einmal die Notwendigkeit absoluter Geheimhaltung (er wird in den folgenden Monaten noch öfter darauf hinweisen, da ihm LaFarge zu wenig reserviert erscheint).

Die drei Jesuiten machen sich sogleich an die Arbeit in der Rue Monsieur in Paris, wo »Études« seinen Sitz hat, aber auch am südlichen Stadtrand, in Vanves, wo die Redaktion der »Action Populaire« beheimatet ist. Wenig später stößt noch ein weiterer deutscher Jesuit zu ihnen,

Pater Heinrich Bacht, der die Aufgabe hat, die Enzyklika ins Lateinische zu übersetzen. In der Sommerhitze, in weniger als drei Monaten, wird der Text in der englischen, französischen und deutschen Fassung niedergeschrieben. Von diesen Versionen trägt mindestens eine den Titel *Humani Generis Unitas*. Im September reist LaFarge nach Rom, um Pater Ledochowski den Entwurf für die Enzyklika zu überbringen, der den Auftrag hat, ihn an Pius XI. weiterzuleiten.

Doch auf die Aufregung des Anfangs folgt für LaFarge und seine Mitarbeiter Enttäuschung – und zuletzt Beunruhigung. Pater Ledochowski scheint keine besondere Eile zu haben und sagt, er habe das Dokument einigen Experten anvertraut. In Wirklichkeit handelt es sich um einen einzigen Experten: Pater Enrico Rosa (Redakteur der Zeitschrift »La Civiltà Cattolica«), dem die gekürzte Fassung des französischen Textes ausgehändigt wurde. Am 1. Oktober, zwei Tage nach dem Münchner Abkommen und am selben Tag, an dem die deutschen Truppen das Sudetenland besetzen, schifft sich LaFarge auf der *Statendam* ein, um in die Vereinigten Staaten zurückzukehren. Gundlach, der wieder nach Rom gereist ist, schreibt LaFarge am 16., er solle sich direkt an Pius XI. wenden. Er drückt in dem Brief den Verdacht aus, Pater Ledochowski versuche, ihre Arbeit »aus Gründen der Taktik und Diplomatie ... durch dilatorische Verfahren zu sabotieren«. In diesem wie in den folgenden Briefen werden weder Pius XI. noch Pater Ledochowski je bei ihrem Namen genannt. Der Papst ist *M. Fisher* (Anspielung auf den »Fischerring«) und Ledochowski manchmal *le Chef*, öfter aber *l'Admodum*.

Doch LaFarge zögert, seinen Vorgesetzten zu übergehen. Am 18. November drängt Gundlach erneut darauf und informiert LaFarge über seine wachsende Besorgnis. Die Gesundheit des Papstes, schreibt Gundlach, verschlechtere sich zusehends, und um ihn herum sei ein Ring der Überwachung entstanden, »so daß nur noch das an ihn herankommt, was andere an ihn herankommen lassen ...« Am 26. November stirbt Pater Enrico Rosa nach langer Krankheit. Im darauffolgenden Februar, als Pius XI. stirbt, sind LaFarge, Gundlach und Desbuquois nicht einmal sicher, ob der Papst ihren Text erhalten hat. Am 2. März 1939, mit der Wahl Pius' XII., brechen die Hoffnungen der drei Jesuiten zusammen. Ende März erfahren sie von Pater Ledochowski, daß ihr Text Pius XI. einige Tage vor seinem Tod übergeben worden sei, daß aber sein Nachfolger noch keine Zeit gehabt habe, ihn zu lesen. Mit anderen Worten, die Enzyklika stirbt, noch bevor sie geboren wurde.

Im Augenblick bezeugt nichts und niemand, daß Pius XI. den Entwurf je auf seinem Schreibtisch hatte, und falls es so war, daß nach seinem Tod jemand das Manuskript gesehen und beiseite gelegt hat. Es ist, als wäre dieser Text in unergründlichen Gewässern versunken. Die drei Jesuiten schweigen, gebunden durch die vom Papst auferlegte Geheimhaltungspflicht.

Als Pius XII. jedoch im Oktober 1939 seine erste Enzyklika mit dem Titel *Summi Pontificatus* erläßt, entsprechen einige der Passagen, worin die Leiden bedauert werden, denen die polnischen Katholiken ausgesetzt sind, vollständig dem im Sommer 1938 in Paris entstandenen Entwurf. Alles, was den Antisemitismus und die Juden betrifft, ist dagegen verschwunden – genau wie jede Anspielung auf den Nationalsozialismus oder die Expansionspolitik Hitlers. Von der *Humani Generis Unitas* existiert im Augenblick keine Spur.

So bleibt es bis zum Dezember 1972, als der »National Catholic Reporter« beginnt, in den Vereinigten Staaten Auszüge aus einem Entwurf für eine Enzyklika Pius' XI. gegen den Antisemitismus zu veröffentlichen. Von den Verfassern lebt nur noch Pater Heinrich Bacht. Desbuquois ist 1959 gestorben, Gundlach 1963. Im November des Jahres 1963 ist auch LaFarge gestorben. Und beim Ordnen der Archive LaFarges stieß 1967 ein ehemaliger Schüler von ihm, der amerikanische Jesuit Thomas Breslin, auf Bruchstücke der englischen Fassung der Enzyklika und kopierte sie auf Mikrofilm. Das ist das Dokument, in dessen Besitz der »National Catholic Reporter« gelangt ist.

Noch weitere zwanzig Jahre eigensinniger und unermüdlicher Nachforschungen seitens zweier Historiker, des Benediktinermönchs Georges Passelecq und des jüdischen Sozialhistorikers Bernard Suchecky, der zur Zeit als Bibliothekar in Straßburg arbeitet, werden vergehen, bis es möglich ist, wenigstens eine der Fassungen des Entwurfs kennenzulernen, der mit so viel Begeisterung in jenem heißen Sommer des Jahres 1938 ausgearbeitet wurde – und um seine Geschichte zu rekonstruieren. Diese langwierige Arbeit begann 1987 und dauerte bis 1995: Jahre, in denen die beiden Forscher gegen ständige Absagen oder Vertröstungen und plötzliche Gedächtnisverluste ankämpfen mußten. Vergeblich blieben die Versuche, Zugang zu den Archiven der Jesuiten in Rom oder denen des Vatikans zu erhalten, die 1922 beim Tod Benedikts XV. stehengeblieben sind.

Ihr Buch *Die unterschlagene Enzyklika* bringt im Anhang den einzigen bisher aufgefundenen Text, nämlich die französische Fassung, die wahrscheinlich Pater Enrico Rosa ausgehändigt wurde und den Titel *Humani*

Generis Unitas trägt (der deutsche Text war mit *Societatis Unio* überschrieben). Etwa hundert getippte Seiten, unterteilt in 176 kurze Kapitel oder Abschnitte; die ersten siebzig wurden offensichtlich von Pater Gundlach verfaßt und abschließend redigiert, was am Stil des Gelehrten erkennbar ist, der im Umgang mit sozialen und philosophischen Fragen vertrauter war. Der letzte Teil, der konkreter die Juden und den Antisemitismus betrifft, ist pragmatischer und direkter formuliert, mit Korrekturen, Einfügungen und Randnotizen übersät, und aller Wahrscheinlichkeit nach ist es derjenige, dem sich LaFarge gewidmet hat und an dem die meisten Eingriffe vorgenommen wurden (von Pater Rosa? von LaFarge selbst?).

Heute ist niemand in der Lage zu sagen, wie weit und auf welche Art die *Humani Generis Unitas* das Schicksal von Millionen Juden hätte verändern können. Zweifellos jedoch hätte sie das Gewissen der etwa hundert Millionen europäischer Katholiken vor ein nicht zu umgehendes Problem gestellt.

Am 15. März 1939 haben die deutschen Truppen die Grenzen zur Resttschechei überschritten. Die Besetzung Böhmens und Mährens findet noch im Frieden statt. Doch am 1. September, mit dem Einmarsch deutscher Truppen in Polen, beginnt der Krieg. Nicht für Italien – noch nicht. Wir haben noch die letzten neun Monate Frieden vor uns.

In den Astura gequetscht fahren wir von Ortisei zu unserem Haus in Mirabello, in der Gegend von Monferrato. Unterwegs halten wir zum Essen in Brescia; und dort auf dem menschenleeren, sonnenbeschienenen Platz, im Schatten der orangefarbenen Markise eines Restaurants, bricht auf einmal die Stimme aus dem Lautsprecher hervor wie ein schwarzer Strom. Ist es Hitlers Stimme? Ich weiß es nicht, ich weiß nur, daß an jenem Tag und in jenem Augenblick die Stimme, die Krieg bedeutet und jedes andere Geräusch auslöscht, plötzlich dunkel, tonlos und unheilvoll in meinen kindlichen Ohren klingt. Als wäre ich schlagartig erwachsen, und nur für den Moment, in dem jene Worte zwischen den halbleeren Tischen im Duft der Tischwäsche dröhnen. Ich bin nicht mehr das kleine Mädchen, das seinen Löffel in die lauwarme Suppe taucht, ich bin der Blick des Kellners, der entsetzt mit dem Teller in der Hand stehengeblieben ist, die plötzliche Blässe der Restaurantbesitzerin an der Kasse, Francesco, unser Chauffeur, der allein an einem Nebentisch ißt und erstarrt mit der Gabel in der Hand, von der ein paar Spaghetti herunterrutschen, Francesco, dem im ersten Weltkrieg ein Bein zertrümmert wurde und der sich mit diesem kaputten Bein vier Kilometer weit schleppen mußte auf dem Rückzug nach der Schlacht bei Caporetto.

Nach dem Essen habe ich mit Mama in der Sonne den Platz überquert, wo wenige Zeitungen träge am Kiosk hängen, und bin mit ihr in ein Stoffgeschäft gegangen, habe ihr zugesehen, wie sie einen Stoff nach dem anderen auswählte: den rot-blau karierten, den mit den Blümchen, dicht wie eine Hecke, und den mit den blauen Kolibris. Meter um Meter, die sie sich, als fürsorglich und umsichtige Mutter, auf dem Ladentisch ausrollen und dann abmessen läßt; mit der Schere wird nur der Rand durchtrennt, worauf sofort ein langer Riß folgt, fast ein Zischen, an jenem Sommernachmittag mit den Fliegen auf dem Holz des Ladentischs. Und danach haben wir Schuhe gekauft, aber mit den Schuhen ist es schwieriger. Woher soll man wissen, wie schnell die Füße der Kinder wachsen? Für mich hat das Spiel schon wieder begonnen; jene unheilvolle, dunkle, krächzende Stimme im Halbschatten des Restaurants ist wie ein Karstfluß versickert, und ich vergnüge mich damit, nacheinander in alle Schuhe zu schlüpfen, die zwischen den geöffneten Schachteln auf dem Fußboden verstreut sind.

Auch wenn diese Schuhe, deren Haltbarkeit der Verkäufer rühmt, mich vorerst gar nichts angehen: Ich bin die, die sie erben wird, die immer alles von den älteren Schwestern erben wird. Kleider, Mäntel, schreckliche Röcke aus haarigem Wollstoff. Bis zum Ende des Krieges.

Im Institut am Corso d'Italia, wo ich im folgenden Herbst zur Schule gehe (meine älteste Schwester ist in die erste Klasse Gymnasium eingetreten, und das hat für uns alle drei den Wechsel in ein weiterführendes Institut mit sich gebracht), sind die Nonnen vorwiegend Italienerinnen, aber sie tragen häufig französische Namen, und die Jahreszeiten lösen sich ab in einem endlosen Ritual von Gebeten und »Fioretti«. So nennen die Nonnen die kleinen Opfer, die wir bringen müssen, um dem Verzicht ein wenig von seiner Bitterkeit zu nehmen. Die Nonnen sind violett gekleidet und tragen am Finger einen feinen Goldreif mit Kreuz, der ihre Hochzeit mit Christus bezeugt, einen Ring, mit dem sie metallisch auf das Treppengeländer klopfen, um uns beim Hinaufgehen zur Ordnung zu rufen. Unsere Uniformen sind dunkelblau, die Kniestrümpfe grau und die Schuhe schwarz. Für die Kapelle haben wir weiße Organzaschleier, die im Nakken von einem Gummiband gehalten werden. Wenn sie nicht unsere Köpfe schmücken, müssen diese Schleier zusammengefaltet in einem Umschlag aus marmoriertem Karton verwahrt werden, der mit einer Nummer versehen ist. Ich bekomme die Nummer 256. 256 steht auf meinem Kittel und auf allem, was offensichtlich mir gehört: Serviettenring, Serviette, Taschentücher; eine 256, der bestimmt ist, mir die restlichen elf Schuljahre zu folgen wie ein treuer Hund. Um acht Uhr zwanzig morgens durchschreite ich das große eiserne Tor, und abends um sechs komme ich wieder heraus. Manchmal ist es noch dunkel, wenn wir unser Haus verlassen, und dun-

kel abends, wenn wir heimkehren. In der kurzen Pause
gleich nach dem Essen ist es uns erlaubt, uns im sogenannten Garten auszutoben, der allerdings nicht mehr ist
als ein keilförmiges Grundstück, ähnlich einem Schiffs-
bug, zwischen dem Corso d'Italia und der Via di Porta
Pinciana. Außer Lorbeer und Buchsbaum gibt es nur
einen einzigen Baum. Er ist wunderschön, mit einer Un-
zahl winziger Blätter: ein Pfefferbaum. Sonst nur Staub,
umschlossen von drei Meter hohen Mauern. Während
der letzte Bissen uns noch im Magen liegt, müssen wir in
fünfundvierzig Minuten unseren Stunde um Stunde
übermäßig gewachsenen Bewegungsdrang abreagieren;
und schon gehen wir mit verschwitzten Uniformen und
eiskalten Händen wieder hinein. Wie zwei Muschelscha-
len umschließt der Tag die grauen Klassenzimmer, deren
Fensterscheiben mattiert sind, weil wir nicht hinaus-
schauen dürfen. Doch vor allem darf von außen niemand
zu uns hineinschauen. Es gibt weder Himmel noch be-
laubte Zweige, nur jene stumpfe Krankenhausfarbe. Unsere Bänke, auf denen sich Generationen ehemaliger
Schüler mit dem Federhalter verewigt haben, heißen *pu-*
pitres und haben einen Klappdeckel, im Innern liegen die
Hefte und die heimlich angeknabberten Pausenbrote.
Manchmal, wenn jemand den Deckel hebt, steigt aus
dem *pupitre* der Geruch von zu lange dort liegengeblie-
benen Orangenschalen auf. Ich hasse diesen Geruch.
Auch den Kohlgeruch, der morgens ankündigt, woraus
unser Mittagessen an dem langen Refektoriumstisch bestehen wird. Meine Lehrerin heißt Signorina Minchetti,
und vom ersten Monat an gibt sie mir eine Acht – eine
schlechte Note – in Betragen, weil ich auf dem Stuhl
schaukle. Nachmittags, wenn ich mit den Hausaufgaben
fertig bin, schließe ich mich in der Toilette ein und spähe,

auf der Kloschüssel stehend, durch den oberen Teil des Fensters, der abgeschnitten ist, um Luft hereinzulassen: Ich sehe den Rasen der Villa Borghese, durchzogen von Trampelpfaden, das Licht, das an den Kiefernstämmen entlanggleitet und sich leicht über das Gras breitet und blau schimmert. Blau wie der Himmel, den ich kaum sehen kann. Kinder gehen an der Hand Erwachsener spazieren, Hunde rennen, von der Leine befreit; auf einer Plattform aus Zement bauen einige Arbeiter Tag für Tag an einer Kasematte aus Zement. Ein »Fioretto«, hat Mater Immaculée gesagt, ist es zum Beispiel, eine kandierte Frucht ins Klo zu werfen; und ihre Hand mit der Haut von der Farbe blasser Butter hat die Geste gemacht, die Frucht fallenzulassen. Ich mag keine kandierten Früchte, aber ins Klo werfen könnte ich sie nie. Papa erwähnt ab und zu Rebuffi, den Bettler, der an die Tür klopfte, um einen Teller Suppe zu bekommen, als Papa noch ein Kind in Turin war. Rebuffi ist ein Losungswort, entschlüsselt heißt es: »Man läßt nichts auf dem Teller übrig, Essen muß man achten, weil es Leute gibt, die verhungern, und was du vergeudest, wäre für sie ein Glück.« Ich kann höchstens, als »Fioretto« in der Fastenzeit, eine Praline aufheben und sie erst am Karsamstag um elf essen, wenn die Glocken zu läuten beginnen, um zu verkünden, daß Christus auferstanden ist.

Zur Erinnerung an sein Fasten in der Wüste haben wir Christen in der Fastenzeit die Pflicht, ebenfalls zu fasten, allerdings nur die Erwachsenen: Sie dürfen nur einmal am Tag essen und nie Fleisch oder sonst etwas Gutes. Bei mir zu Hause sind jedoch alle »dispensiert«: Papa ist magenkrank, und Mama kann ohnmächtig werden, wenn sie nicht ißt. In ihrem Nachttisch liegt in einem blauen Glasfläschchen immer Riechsalz bereit, um sie wiederzubeleben. Wie Italia und Letizia es halten, weiß ich nicht, Italia sagt, für sie sei sowieso immer Fastenzeit. Am Passionssonntag werden alle Bilder in der Kapelle mit einem violetten Tuch verhängt, und violett sind auch die Paramente des Priesters, der die Messe liest. In der Fastenzeit ist es nicht schön, zuviel zu spielen, zu scherzen, zu lachen oder Süßigkeiten zu essen. Morgens, gleich nachdem wir angekommen sind, gehen wir mit dem weißen Schleier auf dem Kopf in die Kapelle und legen zu Füßen des Kreuzes unsere »Fioretti« nieder, die wir auf einen gefalteten Zettel geschrieben haben. In der Fastenzeit finden geistliche Exerzitien statt. Drei Tage, an denen wir keinen Unterricht haben, sondern die ganze Zeit mit einem Priester verbringen, der Pater Pesce heißt. Wir lernen nicht, und es gibt keine Hausaufgaben; im Refektorium müssen wir schweigend zuhören, während uns aus dem Leben des heiligen Tarcisio vorgelesen wird, der als Jüngling gesteinigt wurde, weil er die Hostien mit dem Leib Christi retten wollte. Nicht einmal beim Obst kommt das Deo Gratias. Das *Deogratias* ist ein Codewort wie Rebuffi. Da ich noch kein Latein kann, ist das Wort für mich ein runder Klang, der vom Schweigen befreit und das Refektorium blitzschnell in einen Vogelkäfig verwandelt. Doch während der geistlichen Übungen ist im Refektorium nur das Klappern des Bestecks auf den Tellern zu hören, dazu die Stimme der vorlesenden Mater Rose; wie ein ungreifbarer Schatten folgt uns das Schweigen dann in den sogenannten Garten, wo wir nicht spielen, sondern »meditieren« sollen. Ich betrachte den Pfefferbaum, seine kleinen, leichten Blätter, und phantasiere. Im römischen Klima kommt der Baum nicht so weit, Früchte zu tragen, hat Mater Immaculée gesagt; ich stelle mir etwas Glänzendes vor, wie die Panzer der Käfer. Am Nachmittag erklärt uns Pater Pesce in der Kapelle, was Gott von uns erwartet: Gehorsam, Reinheit, Gebet. Unser Herz ist wie ein Zimmer, das von all dem Schmutz gesäubert werden muß, der sich im Lauf des Jahres angesammelt hat, es muß wieder rein werden wie bei unserer Taufe. Und wir brauchen gar nicht die Schlaumeier zu spielen, sagt er, und nur obenhin Staub zu wischen. Unsere Mama oder Mater Immaculée können wir vielleicht mit einer Lüge täuschen, und sie merken es nicht. Aber Gott schon. Er sieht uns immer: »Eine schwarze Ameise auf einem schwarzen Stein in einer schwarzen Nacht, Gott sieht sie!« Pater Pesce ist mager, seine runden Brillengläser spiegeln das Kerzenlicht und sind direkt auf unsere Seele gerichtet. Ich habe schreckliche Sehnsucht nach dem Christus aus Gips mit seinem schulterlangen, fließenden braunen Haar, der auf sein bloßliegendes Herz in der Brust deutete. Ich mag keine Ameisen, dem Auge Gottes ziehe ich die großen gefiederten Flügel des Schutzengels vor. Pater Pesce spricht nicht von »Fioretti«, mit Nachdruck skandiert er das Wort »Opfer«. Für uns ist Gottes Sohn gestorben, sagt er, um uns zu retten, da hängt er am Kreuz, und Pater Pesces Finger zeigt auf den zur Brust geneigten Kopf, auf der eine lange Wunde klafft. Die Schriftgelehrten und Pharisäer haben ihn getötet, aber auch wir, die wir gesündigt haben, und wenn wir eine böse Tat begehen, auch nur lügen oder unreine Gedanken hegen, dann sind auch wir wie die Schriftgelehrten und Pharisäer. Wie Kaiphas und die Menschenmenge, die sich auf dem Platz in Jerusalem drängte und »kreuzigen, kreuzigen!« schrie. Und danach hat man ihn mit Ruten bis aufs Blut gepeitscht und ihm eine Dornenkrone aufgesetzt, und die Menge hat ihn verhöhnt und damit einen schrecklichen

Fluch auf sich gezogen. Dann hat man ihn noch gezwungen, ein sehr schweres Kreuz auf den Schultern bis hinauf nach Golgatha, der Stätte der Hinrichtung, zu tragen. Und an dieses Kreuz hat man ihn genagelt; und als er Durst hatte und bat, man möge ihm zu trinken geben, hielt man ihm, auf einen langen Stock gespießt, einen mit Essig getränkten Schwamm hin, und die Menge höhnte: »Wenn du der Sohn Gottes bist, rette dich selbst!« Und genau in dem Moment, als Jesus gestorben war, verdunkelte sich der Himmel und der Vorhang im Tempel von Jerusalem riß entzwei, und Judas, der Christus mit einem Kuß verraten hatte, erhängte sich an einem Baum und endete geradewegs in Luzifers Rachen. »Wollen wir sein wie diese Schriftgelehrten, diese Pharisäer, diese Menge, die ›kreuzigen, kreuzigen‹ schrie?« Pater Pesces Augen hinter den Brillengläsern sind wie Stecknadelspitzen, die sich zwischen unsere Rippen bohren, um die schwarze Ameise auf einem schwarzen Stein aufzuspüren, die sich in der Nacht unserer Herzen versteckt. »Wie Judas, der den Juden ihren traurigen Namen gegeben hat?« – Wie ein Beben hallt die Stimme zwischen den weißen Schleiern wider. »Oder wollt ihr gute Christinnen sein und eure Herzen gleich Tabernakeln bereitmachen, den Sohn Gottes am Tag seiner Auferstehung zu empfangen?«

Hinter ihm müssen wir alle vierzehn Etappen des Kreuzwegs abgehen, die an den Wänden aufgehängt sind. Bei jeder »Station«, auf der eine Szene des grausamen Martyriums dargestellt ist, knien wir nieder und beten eines der Geheimnisse des Rosenkranzes. Wenn eine von uns abgelenkt ist, zwickt Mater Elena sie; und wenn eine schwätzt, nur ein einziges Wort sagt, zieht die Nonne sie mit einem Ruck aus der Gruppe heraus und läßt sie allein mitten in der Kapelle niederknien.

Auch am Abend zu Hause sollen wir schweigen und an die Geißelung und an die Dornenkrone denken, an die Nägel, die Jesu Hände und Füße durchbohrten. Aber ein Licht, das den Frühling ankündigt, fällt auf die Fassade des Hauses gegenüber, die Bohnen, die ich in einem Blumentopf auf dem Balkon ausgesät habe, haben zwei runde Blättchen getrieben, im Warten auf die Dunkelheit füllt sich die Via Flaminia mit Stimmen und dem Geräusch von zuschlagenden Türen. Auf dem Bild mit dem blauen Rahmen fährt das kleine Mädchen mit der roten Baskenmütze Schlittschuh auf dem von Bergen umschlossenen zugefrorenen See. In der Küche wendet Letizia die Marmeladepfannkuchen, die Mama *omelettes confiture* nennt. Da ist es schwierig, weiter an die Nägel und das Kreuz und die Dornenkrone zu denken. Auch Mama macht Exerzitien in der Kirche San Carlo am Corso, aber wenn sie dann heimkommt, plaudert sie am Telefon und sagt zu Letizia, sie solle die Omelettes mit Erdbeermarmelade füllen. Ich möchte gern wissen, ob die Juden sich schämen, weil ihr Name von Judas kommt, aber Mama sagt nein, wie kommst du darauf, es stimmt auch nicht, es ist eine Beleidigung.

Am Gründonnerstag suche ich mit ihr und Papa die heiligen Gräber auf – drei oder fünf, aber fast immer sieben, denn es muß eine ungerade Zahl sein. Es ist nicht schwer, zwischen der Piazza del Popolo und dem Corso sieben Kirchen zu finden, und die Straßen sind voller Leute, die gerade hineingehen oder im Schimmer der Wachslichter um die Gräber aus den Portalen herauskommen. Manche von denen, die wir treffen, kennen Papa und Mama, und sie bleiben stehen, um sich zu begrüßen, ich sehe ihre Kinder an, und die Kinder sehen mich an. Das Grab, das mir am besten gefällt, ist immer das in Santa Maria del Popolo, umgeben von einem Teppich aus besonderem Gras, das im Dunkeln gewachsen und fast weiß ist. Rundherum leuchten warm all die Flämmchen, und wenn wir wieder nach draußen kommen, liegt eine festliche Stimmung in der Luft, ein Geruch und eine Farbe, die ans Meer erinnern. In jeder Kirche darf ich eine Kerze anzünden, und es wäre schön, wenn der Nachmittag des Gründonnerstags nie zu Ende ginge. Wenn er nicht direkt zu jenem finsteren Freitag führte, an dem wir während der ganzen Lesung der Passion unseres Herrn Jesus Christus in der Kapelle stehen müssen, während Mater Elena uns mit ihren kohlschwarzen Augen beobachtet. Fast immer regnet es, der Himmel ist fahl, und bis es endlich drei Uhr nachmittags wird, die Stunde, um die Jesus seinen letzten Atem aushaucht, dauert es eine Ewigkeit. Aber dann, oh, dann ist es wunderbar, Jesus hat aufgehört zu leiden und ruht, in sein Schweißtuch gehüllt, im Grab des Joseph von Arimathäa, und die Nonnen schicken uns nach Hause. Zu Fuß gehen wir durch Villa Borghese hinunter, das Moos auf den Steinen des Fiocco-Brunnens ist wie Samt, und die hohen Steineichen werfen violette Schatten. Unser derzeitiges Kinderfräulein ist eine leidenschaftliche ahnungslose tschechoslowakische Jungfrau mit um den Kopf gelegten dünnen Zöpfen, und sie fordert uns auf, beim Gehen tief zu atmen, um die Lungen von all der schlechten Luft zu befreien, die wir während des Tages im geschlossenen Raum angesammelt haben. Ich versuche, sie nachzuahmen, und blicke starr auf ihren Oberkörper, der sich unter dem schäbigen dunkelblauen Mantel unmäßig aufbläht, und auf ihr ausdrucksloses Gesicht, das sich belebt und Farbe bekommt in der Emphase des Atmens.

Auch die Juden feiern Ostern, hat Mater Immaculée gesagt, aber ihr Ostern hat nichts mit unserem Fest zu tun. Sie glauben weder daran, daß Jesus auferstanden ist, noch daß er Gottes Sohn ist. Ja, aber all die Zeichen, der Himmel, der sich verdunkelte, der Vorhang, der im Tempel zerriß? Mater Immaculées Gesicht gleicht einem großen Ei, sie hat eine glänzende Nase, lächelt oft und entblößt dabei eine Unmenge geschlossen im Halbkreis stehender Zähne, aber jetzt sind die Lippen streng aufeinandergepreßt und scheinen bereit, die Luft rundherum einzusaugen: »Es gibt keinen schlimmeren Blinden als den, der nicht sehen will«, sagt sie, »keinen schlimmeren Tauben als den, der nicht hören will …« Aber was für ein Ostern ist das dann überhaupt, was feiern sie denn? »Bestimmt nicht die Auferstehung, denn Christus haben doch sie getötet …« Das hat nicht Mater Immaculée gesagt, ich habe es gesagt; und ich bin stolz auf meinen Scharfsinn. Ein Ostern, das eigentlich gar keins ist, das Osterfest der Juden, ohne Glockenläuten und ohne Lamm, ohne Schokoladeneier und auch ohne Zuckerschäfchen mit roter Schleife um den Hals.

Ich weiß nicht, wie der Junge der Levis diesen Kriegsbeginn erlebt; ein Schweigen wie Watte hat sich auf die Nachbarwohnung gesenkt, in der Signora Della Seta mit ihrem Bruder wohnt.

Der Winter 1939–40 hat auf unheimliche Art ihr Leben verändert, seit einigen Monaten hat das Rassentribunal die Arbeit aufgenommen, und sie können ihren gewöhnlichen Wohnsitz nicht ohne die vorherige Erlaubnis der Polizeibehörde verlassen. Sie besitzen keinen Paß mehr: Wozu sollten sie ihn auch noch brauchen? Aus

Deutschland treffen Nachrichten ein, die schwer wiegen wie Felsbrocken: Die Juden haben ihre Radioapparate abliefern müssen; sie bekommen zwar im Augenblick noch Karten für Lebensmittel, aber keine mehr für Kleidung, auch sind sie von der Zuteilung von Geflügel und Fisch ausgeschlossen und erhalten keine Sonderrationen. Sie dürfen erst nach vier Uhr nachmittags die Geschäfte betreten, wenn die nicht rationierten Waren wie Obst und Gemüse ausverkauft sind. Von den einunddreißigtausend Deportierten im Jahr 1938 hat man nichts mehr gehört, und weitere Zehntausende – oder vielleicht Hunderttausende – sind in Richtung der ehemals polnischen Gebiete verschleppt worden, ohne eine Spur zu hinterlassen. Ihre Häuser sind beschlagnahmt worden, ihren Besitz hat man für »soziale Zwecke« konfisziert, ihre Bankkonten gesperrt.

Ich habe eine neue Freundin, die das Vorrecht genießt, den gleichen Namen zu tragen wie diese Straße, in der ich wohne: Flaminia. Ihre Gouvernante ist Französin, und Flaminia nennt sie *mademoiselle*. Wenn wir im Circo Massimo zum Rollschuhlaufen gehen, trägt *mademoiselle* einen mausgrauen Filzhut und läßt sich mit niemandem ein, Schritt für Schritt folgt sie Flaminia am Rand der Rollschuhbahn. Flaminia hat schwarze Locken und eine Biberweste; bei der Hochzeit der jüngsten Tochter des Königs war sie Ehrenjungfer. Bei ihr zu Hause zeigt eine Photographie sie in langem Kleid mit Puffärmeln, aus denen die nackten Arme hervorkommen, und einem Rosenkrönchen auf den schwarzen Locken neben der königlichen Braut. Auf anderen Photographien, überall auf den Möbeln verteilt, sind die Augen der Prinzessin von Piemont hell wie Flußkiesel, während der Prinz ihr gegenüber am Flügel lehnt, groß und schön in seiner Uniform, die Widmung auf dem Photo gemessen und königlich. Auch der Duce ist vertreten, an seinem Schreibtisch im Palazzo Venezia sitzend, das Bild trägt das unverwechselbare M der hastigen Unterschrift eines Regierungschefs, der den Geschicken der Welt vorsteht. Flaminia hat auch einen Hund, einen Foxterrier, und im Bad einen silbernen Kamm, um ihn zu kämmen. Zum Spielen steht uns ein mit roten Vorhängen versehenes Abstellzimmer zur Verfügung, wo Abendkleider hängen und alte Samtcapes, große Hüte mit Federschmuck. Der Koch Zeno macht uns einen Imbiß aus Kastenbrot, das in viele dünne Streifen geschnitten ist: zwischen den Streifen ist Schinken oder Salami, oder Mayonnaise mit Gürkchen. Und sogar Olga, das Dienstmädchen, muß sehr reich sein, da sie Flaminia zur Erstkommunion eine Brosche in Form eines Hahns geschenkt hat, dessen Körper aus einer großen unregelmäßigen Perle besteht. Wir spielen Verkleiden, *mademoiselle* hilft uns dabei, und Flaminia beansprucht für sich immer die Rolle der Fee oder der Königin.

Flaminia ist die jüngste Tochter der neuen Freunde, die meine Eltern während der Weihnachtsferien in Cortina kennengelernt haben. Die neuen Freunde und Cortina haben Papa und Mama so gut gefallen, daß wir diesen Sommer alle zusammen in zwei nicht weit voneinander entfernte Häuser an der Straße, die von Cortina zum Pomagagnon hinaufführt, fahren werden. Im Augenblick haben sie zwei Logen nebeneinander in der Oper genommen, und jeden Sonntagnachmittag treffen wir uns dort. Mama hat uns von ihrer Schneiderin bordeauxrote Samtkleider mit Spitzenkragen und Käppchen aus dem gleichen Samt nähen lassen. Flaminia dagegen besitzt viele kniekurze, leichte Kleider aus gelbem, hellgrünem oder hellblauem Atlas, und darüber trägt sie handgestrickte Angorajäckchen. Während ich still in der Loge sitze, leide ich, und die Zeit vergeht einfach nie, zu meinem Unglück verstehe ich nichts von Musik und nehme alles Schreckliche an jenen dickbäuchigen Tenören und fettbebenden Sängerinnen wahr. Den Blick fest auf die automatische Uhr über der Bühne gerichtet, warte ich nur auf den Moment, da der Zeiger, alle fünf Minuten, weiterspringt. Bis zur Pause. Dann laufen wir mit Flaminia hemmungslos durch die Gänge, spähen in die Logen fremder Leute. Blitzschnell öffnen und schließen wir die Türen und sausen davon, bevor sich die vorwurfsvollen Blicke, mit denen unser Eindringen bedacht wird, in einen konkreten Tadel verwandeln können. Unsere Eltern setzen sich in einer Loge zum Plaudern zusammen, und Flaminias Mama bietet allen eine neue Sorte Bonbons an, in Silberpapier gewickelt, auf dem »du und ich« steht. Ich mag sie nicht, weil es Anisbonbons sind, aber ich tue so, als schmeckten sie sehr gut. Flaminias Eltern kennen viele wichtige Leute und sind sicher, daß die Deutschen bald den Krieg gewinnen werden, weil sie höchst ordentlich und diszipliniert sind, während die Engländer keine Lust haben zu kämpfen und nur das Wort »Befehlen« kennen. Sie wissen das genau, weil ihr ältester Sohn mit einer jungen Engländerin verlobt ist (im Wohnzimmer steht auch eine Photographie von ihr, mit leicht zur Seite geneigtem Kopf); doch jetzt, da die Engländer gerade zu unseren Feinden werden, wird diese Verlobung vielleicht wieder gelöst. Mussolini gefällt ihnen sehr, und die Beschließerin, die die Logentüren öffnet, reden sie mit »Ihr« an; aber Papa sagt, es genüge, nicht über Politik zu reden. Mama und ihre neue Freundin duzen sich. Papa sagt weiterhin zu allen Sie, denn so, erklärt er, ist er es gewohnt. Mit du redet er nur ab und zu die Arbeiter an, wenn er merkt, daß sie das mögen.

Am 12. Mai 1940, nachdem in der Nacht ein Bombenteppich über der holländischen Stadt Rotterdam abgeworfen wurde, überfällt Deutschland Belgien, die Niederlande und Luxemburg. Am nächsten Tag veröffentlicht der »Osservatore Romano« den Wortlaut der Telegramme, die Pius XII. an die drei der Aggression zum Opfer gefallenen wehrlosen Länder gesandt hat. Einige Kioske, die die katholische Tageszeitung verkaufen, werden von Schlägertrupps, die Farinacci geschickt hat, geplündert und umgestürzt: ein deutliches Zeichen, daß unser Duce beschlossen hat, nicht mehr lange Zuschauer zu bleiben, sondern an dem Festschmaus teilzunehmen, bevor es zu spät ist.

Die Schulen schließen früher als gewöhnlich, und Anfang Juni sind wir schon in Ostia, am Meer. Am 8. Juni äußert der apostolische Nuntius in Berlin, Monsignor Orsenigo, gegenüber Ernst Wörmann, dem Vertreter des deutschen Außenministeriums, den Wunsch, daß auch Italien in den Krieg eintreten möge, und gratuliert ihm zu den Siegen Deutschlands. Scherzhaft setzt er dann hinzu, er hoffe, daß die Deutschen über Versailles in Paris einziehen werden.

Am Nachmittag des 10. Juni steht Mussolini auf dem Balkon des Palazzo Venezia, wird von tosendem Beifall begrüßt und verkündet den Bewohnern der Halbinsel, daß sie sich von diesem Augenblick an im Krieg gegen Frankreich und England befinden. Mein Bruder, der unterwegs ist, um sich einen Ball zu kaufen, die Belohnung für seine Versetzung in die vierte Klasse Gymnasium, wird gewaltsam in den Demonstrationszug eingereiht, den der Metzger von Ostia anführt, und muß bis vor das Haus einer Engländerin mitgehen, um Beleidigungen zu skandieren. Es ist ein sehr heißer Tag; mit der Ausrede, er wolle an einem Brunnen Wasser trinken, gelingt es ihm, sich abzusetzen. Auch der Ball ist gerettet, er hat die Farben des FC Lazio, weiß und blau. Am selben Abend besucht Papa Signora Fioravanti, die Französin ist, um ihr seine menschliche Solidarität und seine Beschämung als Italiener für das auszudrücken, was in den kommenden Jahrzehnten »der Dolchstoß in den Rücken« genannt werden wird.

Am nächsten Tag schickt Kardinal Tisserant an Kardinal Suhard einen dramatischen Brief über die Geschehnisse und über die Ideologie Hitlers und der Faschisten, die das Gewissen der Jugend verwandelt hat: »Die Menschen unter fünfunddreißig Jahren sind zu allen Untaten bereit ... Ich habe den Heiligen Vater seit Anfang Dezember beharrlich gebeten, eine Enzyklika zu erlassen über die Pflicht jedes einzelnen, dem Ruf des Gewissens zu gehorchen, denn das ist der entscheidende Punkt des Christentums ... Ich fürchte, die Geschichte wird dem Heiligen Stuhl vorzuwerfen haben, er habe eine Politik der Bequemlichkeit für sich selbst verfolgt, und nicht viel mehr. Das ist äußerst traurig, vor allem, wenn man unter Pius XI. gelebt hat ...«

Im Morgengrauen des 14. Juni erreicht die deutsche Vorhut unter Georg von Küchler Paris, und die berittenen Truppen ziehen feierlich durch den Arc de Triomphe. Einige Tage später stattet Hitler der französischen Hauptstadt einen Blitzbesuch ab: Es ist sechs Uhr morgens, und der schwarze offene Mercedes fährt durch die noch menschenleeren Straßen und Boulevards bis auf den Hügel von Montmartre hinauf. Von der Höhe der weißen Kirche Sacre Cœur kann der Reichskanzler nun über die soeben eroberte Stadt blicken, wo der Eiffelturm sich leicht im Junimorgenlicht abzeichnet. Bevor die Sonne hoch steht, ist Hitler schon wieder abgefahren, und Paris wird er nie wiedersehen.

Frankreich ist in zwei Zonen unterteilt worden: Die größere, im Norden, haben die Reichstruppen besetzt. Die zweite, im Süd-Osten, bleibt mit Vichy als Hauptstadt unter französischer Verwaltung.

Die Regierung der sogenannten »freien« Zone – mit Marschall Pétain (einem »Helden« des ersten Weltkriegs) als Präsident und Pierre Laval (einem ehemaligen sozialistischen Abgeordneten, der zu den Reihen der extremen Rechten übergelaufen ist) als Premierminister – verliert keine Zeit und erläßt am 3. Oktober ein antijüdisches Gesetz nach faschistischem Muster. Spezielle Einschränkungsmaßnahmen werden gegenüber der großen Zahl von Juden ergriffen, die zwischen 1933 und 1939 im Vertrauen auf die Stabilität der Maginotlinie und die liberale Tradition des Landes in Frankreich Zuflucht gesucht haben.

Léon Bérard, neuer französischer Botschafter im Vatikan, bittet um eine offizielle Stellungnahme seitens der Kirche zu den neuen Maßnahmen, die seine Regierung ergriffen hat. Die Antwort ist für Laval und Pétain eine beruhigende Botschaft: »Es wäre unangebracht, den Juden in einem christlichen Staat die Regierung zu überlassen und dadurch die Katholiken unter ihre Botmäßigkeit zu bringen. Daher ist es legitim, ihnen den Zugang zu öffentlichen Ämtern zu verwehren; es ist ebenfalls legitim, sie nur in einem bestimmten Umfang zu den Universitäten und zu den freien Berufen zuzulassen.«

Aber noch ist der Krieg etwas, was mich nicht betrifft, und in manchen Augenblicken erscheint er mir sogar spannend. In der ersten Nacht, in der Alarm ertönt wegen eines französischen Flugzeugs, das über Rom kreist und Flugblätter abwirft, hüpfe ich vor Aufregung auf meinem Bett herum. Und als wir Ende Juli in Cortina eintreffen, schaue ich abends hingerissen aus dem Fenster über das Tal, das durch das Fehlen von Lichtern einer Weihnachtskrippe gleicht, während über den Bergen der Mond aufgeht.

Wir Kinder wollen zur Feier des Namenstags von Flaminias Mama ein Theaterstück einstudieren. Die Wahl fällt auf den *Froschkönig*, und natürlich bekommt Flaminia die Rolle der Prinzessin. Ich bin ein Diener, der nur einen einzigen Satz sagt: »Da ist ein Herr mit einem Kästchen.«

Flaminias Eltern sind immer noch sicher, daß der Krieg höchstens ein halbes Jahr dauern wird. Wir haben in der Erwartung der Siege unserer Soldaten den Kindern eines Nachbarhauses den Krieg erklärt und tauschen Zettel mit Beschimpfungen aus, die wir an die Bäume hängen. Ich erleide auf gänzlich unrühmliche Weise einen Nasenbeinbruch: Mein Bruder befiehlt mir, einen Zettel abzunehmen, der an einem Baumstamm befestigt ist, und dreht sich dabei mit solcher Heftigkeit zu mir um, daß mich der Stock in seiner Hand genau an der Nasenwurzel trifft.

Aber auch die Liebe spielt ihre Rolle in diesem ersten Kriegssommer, und als meine ältere Schwester und einige ihrer Freundinnen erklären, sie seien in einen Jungen namens Rienzi verliebt, behaupte ich, um ihnen nicht nachzustehen, ich sei ebenfalls in ihn verliebt; und obwohl ich die Kleinste bin, gelingt es mir, einen Kuß von ihm zu bekommen. Um mir den Kuß zu holen, bin ich allerdings gezwungen, auf einen Hocker zu steigen. Die Gefühlsempfindung ist gleich null, der Auftritt aber sehr schmeichelhaft.

Es ist ein wunderschöner Sommer. Wie vorhergesehen, hat Flaminias ältester Bruder die Verlobung mit der jungen Engländerin gelöst und besucht einen Offizierskurs. Der andere Bruder steht im Ruf, ein großer Verführer zu sein, und macht einer Neunzehnjährigen den Hof, die als sehr vorurteilslos gilt, weil sie Flanellhosen trägt und sich die Nägel rot lackiert. Flaminia und ich spionieren den beiden nach, aber wir können nichts weiter erspähen als ein paarmal »Hand in Hand«.

Ende August kommt die erstaunlichste Nachricht: Flaminias Mama erwartet ein Kind. Weder ich noch Flaminia wissen bisher, wie es zu einem solchen Zustand kommt, und wir kennen auch nicht den genauen Aufenthaltsort des Ungeborenen. Aber eine Ahnung muß uns doch durch den Kopf gehen, wenn sich Flaminia, mit mir im Bad eingeschlossen, das Höschen auszieht und mir ihren kleinen runden Popo zeigt; als ich an der Reihe bin, schiebe ich mein Höschen nur so weit herunter, daß man die Leisten sehen kann, und ich weigere mich, mehr preiszugeben. Ich halte nämlich den hinteren Teil für viel intimer und gewichtiger.

Mit Italiens Eintritt in den Krieg werden die als »Ausländer« definierten Juden (die Flüchtlinge, aber auch die, die erst nach 1919 die italienische Staatsbürgerschaft erworben haben) festgenommen, um dann in Handschellen in Internierungslager überführt zu werden. Der Befehl schließt auch die Juden aus verbündeten Ländern ein, wie etwa die Deutschen und die Tschechoslowaken. Eine endlose Reihe von Rundschreiben sorgt unterdessen dafür, daß den italienischen Juden das Leben immer mehr erschwert wird. Wenn die ersten Maßnahmen noch den Zweck verfolgten, sie zu isolieren, zielen die nach und nach vom Innenministerium auferlegten Verbote zunehmend darauf, ihnen das Arbeiten unmöglich zu machen und folglich ihr Überleben immer prekärer zu gestalten. Jedesmal, wenn eine »Person jüdischer Rasse« eine Erlaubnis für die Ausübung einer Tätigkeit beantragt, wird ihr diese durch ein *ad hoc* erlassenes Rundschreiben verboten. Im Verlauf weniger Monate wird den Juden untersagt, mit Schmuck zu handeln, Photos zu machen oder mit Photoapparaten zu tun zu haben, als Makler oder Handelsvertreter tätig zu sein. Den Beruf des Druckers auszuüben, Kunstgegenstände und Antiquitäten zu verkaufen, mit Büchern und Gebrauchtwaren zu handeln, Kindersachen, Spielkarten und Schreibwaren zu verkaufen. Brillen oder optische Geräte zu verkaufen, Lager oder Verkaufsstellen für Kalziumkarbid zu unterhalten, Lokale mit Alkoholausschank zu betreiben. Verboten ist ihnen das Sammeln von Alteisen oder Metall überhaupt. Von Matratzenwolle. Von Abfällen. Das Sammeln und Verkaufen von ausrangierter Militärkleidung. Es ist verboten, Tanzschulen, Schneiderschulen, Reiseagenturen zu betreiben. Filme zu verleihen. Einen Angelschein, aber auch den Taxiführerschein zu besitzen. Privatlehrer von nichtjüdischen Schülern zu sein. Die Räume der Aktienbörse, aber auch die öffentlichen Bibliotheken zu betreten. Genossenschaften oder Kultur- und Sportvereinen anzugehören. Mitglied beim Tierschutzverein zu sein. Als Fremdenführer oder Dolmetscher zu arbeiten. Brieftauben zu züchten.

Am Ende des Jahres findet bei Flaminia zu Hause das frohe Ereignis statt: Das Kind ist ein Mädchen und bekommt den Namen Maria Vittoria zu Ehren und als gutes Omen für einen Sieg, der kurz bevorzustehen scheint. Und der Duce schickt ein Glückwunschtelegramm.

Am 15. Oktober hat der Eiar (Ente italiano audizioni radiofoniche, Italienische Rundfunkanstalt) unterdessen eine neue Sendereihe begonnen, die jeden Mittwoch um 19.30 Uhr unter Leitung des Ministeriums für Volkskultur ausgestrahlt wird und jeweils zehn Minuten dauert. Thema: *Die Protokolle der Weisen von Zion.*

Um die Jahreswende 1940/41 sind die Italiener noch optimistisch und bereit, Silvester mit Wein, italienischem Spumante oder französischem Champagner zu feiern, je nach finanziellen Möglichkeiten. Der Papst hat eine herzliche Begegnung mit Botschafter von Bergen, bei der er ihn mit einer langen, in deutscher Sprache gehaltenen Rede zu den Siegen Deutschlands beglückwünscht.

Am 21. März, dem ersten Frühlingstag, schreibt die Zeitung »A Voz« in Lissabon, daß 700 Geistliche in den Konzentrationslagern Oranienburg, Dachau, Buchenwald und Óświęcim (Auschwitz) getötet wurden und weitere 3000 in Lagern festgehalten werden. Die Nachrichten über Mißhandlungen, Deportationen und Tötungen, denen polnische Priester ausgesetzt sind, die sich nicht gutwillig den erbarmungslosen Regeln der Besatzungsmacht unterwerfen, sind im Vatikan nun kein Geheimnis mehr.

Doch kein offizieller Protest wird Berlin zugeleitet, während sich die Gerüchte über einen Angriff der deutschen Truppen im Osten, in Richtung Sowjetunion, immer weiter verdichten.

Am 22. Juni beginnt die Operation »Barbarossa«. Die Armeen unter von Leeb, von Boch und von Rundstedt (110 Divisionen insgesamt) greifen die Sowjetunion auf breiter Front an, erobern in wenigen Tagen den sowjetisch kontrollierten Teil Polens und marschieren in der Ukraine ein. Zweihundertsechzigtausend italienische Soldaten, die ARMIR, brechen auf, um die noch einmal siegreichen deutschen Kameraden zu unterstützen. Und der Frieden, der nur wenige Monate zuvor in unmittelbarer Reichweite zu sein schien, rückt langsam wieder in die Ferne, fortgeschleift von den Militärtransporten, die unsere Soldaten in der Hitze und im Staub des Sommers in ein Tausende von Kilometern von zu Hause entferntes Land bringen, das sie nur mit Mühe auf der Karte ausfindig machen können, während sie noch die einundneunziger Gewehre aus dem ersten Weltkrieg geschultert und Lappen um die Beine gewickelt haben.

Im Vatikan verbirgt man die Befriedigung über den Angriff auf die Sowjetunion und die glänzenden deutschen Siege nicht. Und wenn Radio Vatikan bis zum 22. Juni noch mehr oder weniger verschleiert das Schicksal der Kirche in Polen erwähnte, so verschwindet nach Beginn des Rußlandfeldzugs jede unerfreuliche Anspielung auf das Deutsche Reich aus den Sendungen. Der Botschafter im Vatikan, von Bergen, kann am 26. Juni nach Berlin schreiben: »Der Nuntius fragte mich heute, ob wir wegen Radio Vatikan neue Beschwerden vorzubringen hätten. Ich habe das für die letzte Zeit verneint.« Und obgleich die Zahl der verhafteten und nach Deutschland deportierten Geistlichen noch stark zugenommen hat (allein in Dachau finden die Amerikaner 1945 noch 326 Priester), erhebt sich keine Stimme, um die Einhaltung jenes Konkordats einzuklagen, das nur acht Jahre zuvor von Monsignor Pacelli unterzeichnet wurde, das Hitler jedoch mißachtet, wie und wann es ihm paßt.

In seiner Rundfunkansprache vom 29. Juni anläßlich des Festes der Apostel Petrus und Paulus sagt der Papst: »Gewiß, es fehlt mitten in dem Dunkel des Gewitters nicht an Lichtblicken, die das Herz zu großen, heiligen Erwartungen erheben: Großmütige Tapferkeit zur Verteidigung der Grundlagen der christlichen Kultur und zuversichtliche Hoffnungen auf ihren Triumph ...« Diese Worte scheinen Botschafter von Bergen, der sie in seinem Bericht nach Berlin zitiert, von guter Vorbedeutung zu sein; seiner Ansicht nach »hat Pius XII. hiermit der Hoffnung Ausdruck geben wollen«, schreibt er, »daß die großen Opfer, die dieser Krieg fordert, nicht umsonst wären und nach dem Willen der Vorsehung zum Siege über den Bolschewismus führten«.

Die vierzig Millionen Katholiken, so viele sind es nun insgesamt in dem großen Gebiet des Reichs, das seine Macht außer auf Frankreich, Belgien, die Niederlande, Luxemburg und Polen auch auf Norwegen und Dänemark ausdehnt, können ruhig schlafen und die großartigen Siege der deutschen Armeen feiern, die scheinbar unaufhaltsam nach Osten vordringen.

Am Ende des Schuljahres werden wir in den Vatikan gebracht, um in einer Privataudienz vom Papst empfangen zu werden. Ein seltenes Privileg, das Pius XII. unserem Institut gewährt, wo er als junger Priester am Anfang seiner Karriere als geistlicher Betreuer gewirkt hat. Zu jener Zeit kam er einmal in der Woche, um den der Allerheiligsten gen Himmel gefahrenen Maria geweihten Nonnen die Beichte abzunehmen. Ihn jetzt als Papst wiederzusehen, das ist für dieselben Nonnen, vor allem für die älteren, ein unsagbar bewegendes Ereignis, und schon morgens um acht stehen wir in einer langen Zweierreihe und proben immer wieder die Verbeugungen, die Gesänge, die Knickse, gekleidet in die Uniform aus weißem Tuch, die den großen Gelegenheiten vorbehalten ist; und wir schwitzen und schwitzen. Auch die Nonnen schwitzen, und kleine Schweißperlen zieren die lange, weiche Nase von Mater Immaculée, die gerade, spitze, immer bebende Nase von Mater Elena (so war vielleicht die Nase der Nonne von Monza). Sogar die unbeirrbare und wachsame, an den Rüssel eines Ameisenbären erinnernde Nase der Mutter Oberin bedeckt sich mit kleinen Schweißtropfen, während sie ihre Augen wie ein Periskop umherwandern läßt, um den nahezu unsichtbaren Fleck auf dem Weiß der Strümpfe, die aufgegangene Schleife an einem Zopf ausfindig zu machen.

Die Junisonne scheint stechend auf das Pflaster des Petersplatzes, auf dem sich der spitze Schatten des Obelisken als Zeiger einer Sonnenuhr abzeichnet; in Zweierreihen ziehen wir an der Schweizergarde mit den vor Hitze glühenden Hellebarden vorbei, vorneweg die »Töchter Mariens«, auf deren Brust an einem breiten hellblauen Band eine Blechmedaille baumelt (höchste Ehre). Es folgen die »Aspirantinnen«, die, bescheidener, eine kleinere

Medaille an einem weiß-lila Bändchen tragen. Die Rangordnung gleicht der in einem Heer, und ich, nicht einmal würdig genug, die kleine Anstecknadel mit Medaille zu tragen, die man zur »Belohnung« bekommt, gehöre zum gemeinen Fußvolk ohne Verdienste.

Eine Atmosphäre der Heiligkeit umflutet in meiner Erinnerung Pius XII., alles ist weiß und verschwommen, fast als hätte man uns in Makellosigkeit getaucht, so wie der große Nikolas die bösen Kinder in Tinte tauchte. Wir sind brav und halten unsere »Fioretti«, ich soll eine »Gnade« erbitten, ich weiß nicht mehr, welche. Die Worte ersterben mir auf den Lippen, und ich behelfe mich mit dem banalsten Satz: »Ich will nie mehr lügen«, stottere ich. Die Fußböden glänzen im Licht, die Sonne ist grausam, rundum leuchten die bemalten Wände paradiesisch wie im Himmel. Der Papst läßt einen weißen Umschlag mit goldenem Wappen in meine Hände gleiten. Später kommt daraus ein perlmuttfarbener Rosenkranz zum Vorschein, vielleicht aus Galalith, dessen Wert unschätzbar ist.

Auf dem Photo, das auf dem Vorplatz der Basilika aufgenommen wurde, ist der Papst nicht zu sehen, ich stehe seitlich in zweiter Reihe, mit frisch gestärktem weißem Schleier. Auch die Nonnen sind nicht da. Jede Atmosphäre, jede Heiligkeit ist auf dem Photo verlorengegangen, man sieht nur eine weiße Pyramide aus kleinen Mädchen, die oben in den größeren, sich vor dem blassen Grau der Fassade brüstenden Schülerinnen gipfelt. Daneben Signorina Garroni in Schwarz mit dem schwarzen Spitzenschleier auf dem Kopf.

Im August stirbt der polnische Geistliche Pater Maximilian Kolbe in Auschwitz – mehr oder weniger aufrecht, auch wenn man nicht sagen kann stehend, denn man hat ihm die Knochen gebrochen: Der »Hungerbunker« des Lagers ist in der Tat eine Art senkrechter Sarg, der keine andere Haltung zuläßt. Nackt, ohne Wasser und ohne Essen. Er stirbt, weil ein Häftling geflüchtet ist. Zur Vergeltung sieht die für das Lager zuständige SS vor, daß dafür zehn aus demselben Block ausgewählten Häftlingen mit Stockschlägen die Knochen gebrochen werden, anschließend werden sie in diese engen senkrechten Zellen eingemauert, um zu verhungern und zu verdursten. Pater Kolbe hat sich freiwillig anstelle eines der Ausgewählten gemeldet.

Im September werden in Deutschland und in allen der Reichsverwaltung unterstehenden Gebieten die Juden, von Kindern ab sechs Jahren aufwärts, gezwungen, gut sichtbar einen Stern aus gelbem Stoff auf ihre Kleidung aufgenäht zu tragen, damit sie jederzeit zu erkennen sind. Im darauffolgenden Jahr, im Juni 1942, wird diese Maßnahme auch in den besetzten Gebieten vorgeschrieben.

Ebenfalls im September 1941 verliert der *Blitzkrieg* zum ersten Mal an Schwung. Zunächst im Schlamm, gleich darauf im Schnee. Bei dreißig Grad unter Null im Frost des großen russischen Winters gefangen, bleiben Hitlers Armeen wenige Kilometer vor Moskau stecken und sind nicht einmal an den klaren, windigen Tagen in der Lage, die ferne Silhouette der Stadt mit ihren Zwiebeltürmen auszumachen. Von der sowjetischen Armee bedrängt, setzen sie sich Anfang Dezember wieder in Bewegung, um dann im Winter 1942–43 den verheerenden und dramatischen Rückzug anzutreten. Während der fünf Kriegsjahre gibt es in Europa über fünfzig Millionen Tote: Die genaue Zahl zu bestimmen wird nie möglich sein.

Doch im November 1941 kann Pius XII. dem spanischen Botschafter im Vatikan, Yanguas Messia, noch die wärmste Sympathie für Deutschland und seine Bewunderung für die großen Eigenschaften des Führers ausdrücken. Und diese Erklärung kann Botschafter von Bergen, der davon Kenntnis erhält, am 17. November in einem zufriedenen Telegramm nach Berlin weiterleiten.

Am 29. desselben Monats bittet Senator Pietro Fedele, Sekretär des Heraldischen Rats, Pius XII. um eine Audienz. Er hat vom König den Auftrag erhalten, ihm mitzuteilen, daß Seine Majestät die Absicht hegt, der Familie Pacelli den Fürstentitel zu verleihen, in der Person Francescos, des Bruders Seiner Heiligkeit, und seiner Kinder. Die Sache ist ungewöhnlich, und unbekannt sind die Gründe für ein so besonderes Wohlwollen seitens Viktor Emanuels III., der als Freimaurer bekannt ist. Pius XII. bedankt sich und nimmt selbstverständlich an.

Am 11. November desselben Jahres betet unterdessen ein sechzigjähriger Priester, Bernhard Lichtenberg, Dompropst der St.-Hedwigs-Kathedrale (der einzige, der 1938 öffentlich gegen die »Kristallnacht« protestierte), in der Abendandacht öffentlich für die Juden, die getauften und die ungetauften. Die Polizei durchsucht seine Wohnung und findet den Entwurf einer weiteren Predigt, in der die Gläubigen davor gewarnt werden, die angeblichen Beschuldigungen zu glauben, die das Regime über die Juden verbreitet. Lichtenberg wird verhaftet. Der Nuntius in Berlin, Monsignor Orsenigo, informiert sich nicht einmal über die Gründe, die den Dompropst ins Gefängnis gebracht haben. Lichtenberg bittet darum, mit den Juden nach Osten verschickt zu werden, um dort mit ihnen zu beten. Zu zwei Jahren Lagerhaft verurteilt, wird er am 23. Oktober 1943 freigelassen, um von der Gestapo in Empfang genommen und nach Dachau deportiert zu werden. Er stirbt, bevor er am Bestimmungsort eintrifft.

Am 8. Dezember 1941 kommt die große Wende. In einem Überraschungsangriff bombardierten die Japaner die amerikanische Flotte, die vor Pearl Harbor ankert, und zerstörten sie größtenteils. Die Amerikaner, die sich bis zu diesem Augenblick auf eine kräftige materielle und moralische Unterstützung Englands und der Sowjetunion beschränkt hatten, finden sich von einem Tag zum anderen im Mittelpunkt des Konflikts. Sofort eilen Deutschland und Italien dem japanischen Verbündeten zu Hilfe und erklären ihrerseits den Vereinigten Staaten den Krieg.

Doch wenn Churchill bei der Nachricht vom Angriff auf Pearl Harbor seine Mütze in die Luft geworfen hat in einem symbolischen Hurra, so ruft der Kriegseintritt der Vereinigten Staaten im Vatikan keineswegs eine vergleichbare Begeisterung hervor. Man fürchtet jetzt eine Niederlage Deutschlands und eine daraus folgende Stärkung der »gigantischen sowjetischen Krake«. Einer Krake, die weiterhin drohend mit blutigen Fangarmen von den Plakaten an den Wänden auf uns herunterblickt.

Noch stört nichts die Ordnung der Via Flaminia. Giorgio Levis Mutter, die als Mädchen in Cambridge studiert hat, gibt jetzt Englischunterricht. Nur jüdische Schüler dürfen zu ihr kommen, und die Hausmeisterin Elsa wacht über die rassische Moral des Hauses. Giorgio besucht eine von der jüdischen Gemeinde organisierte Schule in Trastevere und fährt morgens sehr früh mit einem Schal um den Hals auf dem Fahrrad los. Noch verschlafen, sehe ich ihn manchmal durch die Scheiben des Kleinbusses, der uns zur Schule bringt: Er radelt rasch in Richtung Tiberstraße, sein Fahrrad holpert über die Straßenbahnschienen. Unser Bus fährt große Umwege, bevor er vor dem schwarzen Gittertor am Corso d'Italia hält, unterwegs steigen so viele zu, daß die Kleineren bei den Größeren auf dem Schoß sitzen müssen, die sie zwicken und quälen. Ich bin zum Glück zehn Jahre alt und mich zwickt niemand mehr, ich gehe in die vierte Klasse Grundschule, und meine Lehrerin ist jetzt Signorina Garroni, eine Art Laienschwester, alt und dick; um ihr Gebiß am Gaumen zu halten, kaut sie Löschpapier, das in einer Schublade des Pults versteckt ist. Mein Zeugnis trägt fast jeden Monat den Vermerk: »Sie könnte mehr leisten.« Es ist eine Plage, die kommt und geht wie die Acht in Betragen, die Papa für gänzlich ungenügend hält. Wegen der Lebensmittelkarten essen wir zu meiner grenzenlosen Freude nicht mehr zusammen mit den Internatsschülerinnen Kohl und Reis, sondern wir bringen uns das Mittagessen von zu Hause mit und verzehren es in einem kleinen Nebenraum zusammen mit wenigen Auserwählten. Letizia kocht Omelettes, Spinat und Ofenkartoffeln; und wenn wir den metallenen Essensbehälter öffnen, entsteigt ihm ein starker, herrlich tröstlicher häuslicher Duft.

In der Religionsstunde sitzt seit einiger Zeit ein sehr hübsches Mädchen mit leicht bräunlicher Haut und schmaler Nase neben mir. Sie trägt keine Uniform und hat einen seltsamen Namen, der an das Nildelta erinnert. Ihr Schweigen fasziniert mich; sie hat feingliedrige, schlanke, unruhige Hände, die lustlos in ein Heft schreiben. Wenn wir die Schule verlassen, kommt eine Gouvernante in strengem dunkelblauem Kleid und einem kurzen Schleier derselben Farbe, um sie abzuholen; zusammen steigen sie in eine geschlossene Kutsche, einen Landauer mit fürstlichem Wappen auf dem Wagenschlag. Eines Nachmittags habe ich im Innern flüchtig eine Dame mit der gleichen glatten Haut, dem gleichen schmalen Gesicht gesehen, das aus einem Silberfuchskragen emportauchte. Dann plötzlich beginnt meine Banknachbarin eines Nachmittags zu sprechen, nutzt eine kurze Abwesenheit von Mater Immaculée und erzählt mir, daß sie den Religionsunterricht besucht, weil sie zur Erstkommunion gehen soll: Aber sie hat nie eine Schule besucht, und vielleicht wird sie auch nie eine besuchen. Sie wird zu Hause unterrichtet, ist das einzige Kind; und die leicht hochgezogene Oberlippe zeigt kleine, spitze weiße Zähne. Doch kaum kommt Mater Immaculée zurück, verstummt sie sofort, nur der Mund ist leicht verzogen zu einem komplizenhaften Lächeln, während die Augen, davon unbetroffen, wieder starr und ausdruckslos geradeaus blicken: Und jene ein bißchen zu kurze Oberlippe über den Zähnen läßt ihr Lächeln ein wenig grausam, aber auch unglücklich erscheinen.

Dann, kurz vor Weihnachten, verschwindet sie wieder, von einem Tag zum anderen, so, wie sie gekommen ist; der leere *pupitre* wird zu dem Loch, durch das sie verschwunden ist, um sich im Bauch der Erde zu verlieren, wo sie jetzt in dem Landauer mit dem kerzengerade auf dem Kutschbock sitzenden Kutscher dahinsaust. Darin liegengeblieben ist ihr hölzernes Federkästchen mit einem Bleistift und einem Radiergummi, das ich nicht anzurühren wage.

Als ich nach den Weihnachtsferien zurückkomme, sitzt wieder Maria Luisa Rosi neben mir, die ununterbrochen schwätzt und sich dabei die Hand vor den Mund hält, damit man es nicht sieht; und wenn Mater Immaculée den Kopf dreht, beißt sie hinter dem hochgeklappten Pultdeckel in einem Krümelregen gierig in ihr Pausenbrötchen.

Auch wenn das aristokratische Mädchen, das vorübergehend meine Banknachbarin war, sicherlich arisch ist, so ist sie doch die erste einer Reihe von flüchtigen Erscheinungen; im folgenden Jahr werden es immer mehr, bis im Winter 1943–44 der Höhepunkt erreicht ist, als ständig neue Schülerinnen mit Phantasienamen zu uns kommen und Abwechslung in das Grau und die Kälte der Schulstunden bringen. Neue Kameradinnen mit toskanischem oder triestinischem Akzent, deren Abstammung und Herkunft um so interessanter erscheint, je unterschiedlicher und unbestimmter sie ist. Es sind Töchter aus gemischten oder rein jüdischen Elternhäusern. Manche werden rasch getauft, alle rasch in notdürftige Uniformen gesteckt.

Am 20. Januar 1942, auf der in Wannsee unter dem Vorsitz von Reinhard Heydrich abgehaltenen »Konferenz«, während der Blick der Hauptverantwortlichen der Reichspolitik über die Seen und wundervollen Wälder am Rande Berlins schweift, wird insgeheim die »Endlösung« der Judenfrage beschlossen, ein blasser Euphemismus, um die völlige Ausrottung der Juden zu bezeichnen.

Nicht daß der Massenmord nicht schon begonnen hätte. Seit im Frühjahr 1941 die sogenannten Einsatzgruppen gebildet wurden, sind schätzungsweise schon achthunderttausend Menschen, Juden und Kommunisten, getötet worden, die Mehrzahl in den Ländern des Ostens. Doch die »Endlösung« sieht den Tod von circa elf Millionen Juden vor, und die Organisation muß perfekt sein, um eine völlig reibungslose, schnelle Durchführung zu garantieren. Um das Hindernis zu überwinden, das die physische Auslöschung von Millionen von Menschen darstellt, wird das Modell-Vernichtungslager Birkenau beschlossen, wenige Kilometer von dem in ehemaligen Kasernen errichteten Lager entfernt, wo die I. G. Farben über dem Tor die schmiedeeiserne Schrift *Arbeit Macht Frei* angebracht hat, die an allen ihren Werken prangt. In dieser trostlosen, windgepeitschten Ebene im vom Reich besetzten Polen, wo Oświęcim in Auschwitz umbenannt worden ist, werden die Gleise für die Züge mit den Deportierten dann im April 1944 direkt bis nach Birkenau (oder Auschwitz II) in die Nähe der fünf Verbrennungsöfen führen. Spezielle Lastenaufzüge verbinden die Öfen mit den darunterliegenden Gaskammern, die als Duschen getarnt sind und in die durch kleine Öffnungen das Zyklon B eingeleitet wird, ein Gas, das in maximal fünfzehn Minuten tötet. Das macht es

möglich, mit viel größerer Schnelligkeit und Zweckmä-
ßigkeit und fern von indiskreten Augen vorzugehen. Die
Traumata für die Ausführenden werden auf das Wesent-
liche beschränkt. Die Vergasung in »luftdichten« Lastwagen mit einem Auspuff, der die Abgase direkt ins Wagen-
innere leitet, auf Bestellung hergestellt von den Firmen
Diamond, Opel-Blitz und Saurer, ermöglicht nämlich,
auch wenn die Wagen voll ausgelastet werden und mehrere Fahrten pro Tag machen, nur eine der Nachfrage
nicht angemessene Anzahl von Tötungen. Bei ihrem Ein-
satz im Herbst 1941 in Chelmno bei Lódz haben sie sich
darüber hinaus als unpraktisch erwiesen, da der Tod
langsam eintritt; und das Ausladen der Leichen danach
bringt mehr als ein Problem mit sich.

Weitere Vernichtungslager werden beschlossen und errichtet in Belzec (»in Betrieb genommen« im März), in
Sobibór (»in Betrieb genommen« im Mai) und in Tre-
blinka (»in Betrieb genommen« im Juli).

Die »Endlösung« läuft in der Tat in vier Phasen ab: die
Opfer registrieren, sie ihres Vermögens berauben, ihre
Bewegungsfreiheit einschränken und sie zuletzt zur
Ausrottung deportieren. Die Kosten für den Eisenbahn-
transport müssen von den Juden selbst finanziert werden, durch Beschlagnahmung dessen, was ihnen im Augenblick der Deportation noch geblieben ist. An die
Deutsche Reichsbahn, die von vierhundert Deportierten
an einen Gruppentarif anbietet, geht auch der Erlös aus
den Eheringen und Goldzähnen, die den Leichen abgenommen bzw. ausgebrochen werden, bevor man sie in
die Verbrennungsöfen schiebt.

Es ist nie wirklich geklärt worden, wann und wie die Nachrichten von der planmäßigen Ausrottung der Juden in den Vatikan gelangt sind. Am 9. Februar jedenfalls bittet Monsignor Orsenigo, Nuntius in Berlin, um die Verlegung der im Konzentrationslager Auschwitz internierten Priester nach Dachau.

Am 28. Februar 1942 schreibt Adam Sapieha, Erzbischof von Krakau, auf lateinisch einen Brief an den Papst, in dem er die grauenhaften Verbrechen anklagt, denen der polnische Klerus und die polnische Bevölkerung zum Opfer fallen. Der Ton des Briefes ist tragisch, auch weil die Nahrungsmittel für das nackte Überleben fehlen. Der Erzbischof übergibt den Brief Pater Pirro Scavizzi, Militärkaplan eines Krankentransports des Malteserordens, damit er ihn nach Rom bringt.

Doch am nächsten Tag überlegt er es sich anders und schickt den Dominikanerpater Voroniewsky zu Pater Scavizzi mit der Bitte, den Brief zu vernichten: Er hat Angst vor den Repressalien der Nationalsozialisten, fühlt sich zu sehr exponiert – und zusammen mit ihm der gesamte polnische Klerus. Pater Scavizzi gehorcht und verbrennt den Brief; aber vorher schreibt er ihn in ganzer Länge ab, und mit der Kopie in der Tasche reist er nach Rom

Pius XII. liest ihn einige Tage später, und Pater Scavizzi beschreibt, was in Polen vor sich geht. »Manche«, sagt er, »verlangen sogar die Exkommunikation Hitlers und seiner Anhänger ...« Pius XII. (so berichtet Pater Scavizzi), der »ergriffen und erschüttert« dem dramatischen Bericht gelauscht hat, erhebt die Hände zum Himmel. »Sagen Sie allen«, antwortet er, »so vielen Sie können, daß der Papst für sie und mit ihnen leidet ...!«

Auf offizieller Ebene erfolgt jedoch keinerlei Protest

und noch viel weniger eine Stellungnahme *expressis verbis*. Diese Art von Verurteilung wird während der gesamten Kriegsdauer nicht stattfinden, obwohl in den vom Reich unter dem Namen Warthegau annektierten Gebieten Polens fünf von sechs Bischöfen interniert oder deportiert worden sind und die Mehrheit der etwa zweitausend Geistlichen ihr Amt nicht mehr ausüben kann, weil man sie verhaftet oder in Konzentrationslager verschleppt hat. (1949 exkommuniziert Pius XII. die Kommunisten, und im selben Jahr trifft die Exkommunikation die Verantwortlichen der Verhaftung von Kardinal Mindszenty in Ungarn. Und 1955 ist Perón mit der Exkommunikation an der Reihe.) Nicht einmal die treue Schwester Pascalina erwähnt in ihren Memoiren den von Pater Scavizzi überbrachten Brief, aber nach dem Tod Pius' XII. verbrennt sie zwei ganze Säcke voller Dokumente. Derselbe Erzbischof Sapieha schreibt dann am 8. November 1942 an Generalgouverneur Frank: »Ich werde mich nicht über die Entsetzlichkeit auslassen, welche die Tatsache darstellt, betrunkene junge Männer des Arbeitsdienstes zur Vernichtung der Juden hinzuzuziehen ...«

Es bleibt jedenfalls recht bemerkenswert, daß die deutsche katholische Kirche während des Jahres 1942 weiterhin 900 Millionen Mark Kirchensteuer vom Hitlerreich bezieht.

Ebenfalls 1942, im Mai, wird für die italienischen Juden die zivile Einberufung zu Arbeitszwecken eingeführt. Laut Generaldirektion für Demographie und Rasse ist der Grund für diese Entscheidung die Unzufriedenheit des Volkes über die begünstigte Lage, in der sich die Juden nun befinden, »da sie sich, von militärischen Verpflichtungen frei, der Geschäftemacherei und dem Müßiggang hingeben können und ein Leben führen, das notwendigerweise eine Beleidigung bedeutet für die kämpfenden und arbeitenden italienischen Massen, die sich für die Erreichung des Sieges engagieren«. Die Maßnahme betrifft alle Juden beiderlei Geschlechts zwischen achtzehn und fünfundfünfzig Jahren, einschließlich der Diskriminierten. Sie sollen vorzugsweise körperliche Arbeit verrichten und jedenfalls keine der Tätigkeiten, die den Juden schon verboten sind. Der vorgesehene Lohn ist etwa um die Hälfte niedriger als der übliche und wird stufenweise auf ein Viertel reduziert. Das Innenministerium empfiehlt außerdem Aufgaben wie den Bau und das Sauberhalten von Dämmen, die Straßenreinigung, die Apfelernte und das Verpacken von Obst in den Großmarkthallen. Aber auch das Wegräumen von Trümmern: Seit wir in den Krieg gegen die Vereinigten Staaten eingetreten sind, sind unsere Städte zu einem ständigen Ziel der amerikanischen Luftwaffe geworden.

Diese Art Zwangsdienst findet aber wenig Anklang bei den Ämtern wegen der Schwierigkeit, Arbeiter einzusetzen, die vom Alter und vom Charakter her so unterschiedlich sind.

Am 16. und 17. Juli verlagert sich die Aufmerksamkeit der Vollstrecker der »Endlösung« von Osten nach Westen; und in Holland und im besetzten Frankreich finden die ersten Deportationen »staatenloser« Juden statt (das sind all jene, die nach 1919 emigriert sind). Doch überraschend, und es wird der einzige Fall in Europa bleiben, verhaftet die französische Polizei mehrere Juden, die in der unter ihrer Kontrolle stehenden Zone ansässig sind; und nachdem sie auf Züge verladen worden sind, werden sie über die Demarkationslinie gebracht, um den deutschen Behörden ausgeliefert zu werden, die sie nach Auschwitz deportieren.

Der Protest des französischen Klerus läßt nicht auf sich warten. Der Erzbischof von Toulouse, Jules-Gérard Saliège, schreibt einen Brief an die Priester seiner Diözese, in dem er sie auffordert, von der Kanzel ihre Mißbilligung zu verkünden. Das gleiche tun der Erzbischof von Lyon, Gerlier, und der Bischof von Montauban, Pierre Marie. In der Diözese von Lyon werden mehrere Geistliche verhaftet, weil sie den Hirtenbrief des Bischofs vor ihren Gläubigen verlesen und Juden in den Räumen der Kirche aufgenommen haben, darunter auch der Jesuitenprovinzial, Pater Chaillet, der beschuldigt wird, achtzig jüdische Kinder versteckt zu haben. In Vichy hatte Pfarrer Dillard (er wird in Dachau umkommen) schon am 14. Juni in der Kirche Saint-Louis seine Gläubigen aufgefordert, für die Tausende von Franzosen zu beten, die verunglimpft und zum Tragen des gelben Sterns gezwungen werden. Unter Lebensgefahr protestieren in Paris die Pfarrer von Saint-Lambert und von Saint-Étienne-du-Mont. Der Pfarrer von Saint-Pierre-du-Gros-Caillou sagt lapidar: »Meine Predigt ist kurz: Ich weiß, sie kann mich ins Konzentrationslager bringen. Aber ich habe die Pflicht, es noch einmal zu sagen: Papst Pius XI. hat den Rassenwahn verurteilt. So sei es.«

Aber nicht alle sind damit einverstanden: im gleichen Moment, in dem der Brief des Erzbischofs von Toulouse seine Adressaten erreicht, schicken die Bischöfe von Nizza, Monaco und Fréjus sowie die Äbte von Leyrins und Frigolet ein Telegramm an Marschall Pétain, um sich

118

von diesen unpatriotischen Katholiken zu distanzieren, deren angebliche Sorge um die Juden nur ihre mangelnde Treue zum Regime kaschiere.

Der Vatikan schweigt. Am 30. Juli schickt Harold Tittmann, amerikanischer Vertreter beim Heiligen Stuhl in Abwesenheit Myron C. Taylors, ein Telegramm an das Außenministerium in Washington, um darüber zu informieren, daß er mehrmals versucht habe, den Heiligen Stuhl darauf hinzuweisen, daß das Ausbleiben jedes öffentlichen Protests gegen die nationalsozialistischen Greuel dessen moralisches Ansehen in Gefahr bringt und das Vertrauen zur Kirche und zur Person des Heiligen Vaters selbst untergräbt. Doch jede Bitte um Eingreifen, schreibt er noch, sei erfolglos geblieben.

Wir ziehen um, und der glühendheiße Julitag scheint sich auszudehnen zwischen dem Grau der Häuser und den Geräuschen, die von der Straße heraufdringen. Der Krieg hat mehrere Dinge in unserem Leben verändert, wenn auch noch nicht viele. Die Kinderfräulein, die uns hartnäckig die Ohren mit Watte säuberten, sind nicht mehr da, an ihrer Stelle sollte eine rumänische Frau uns nun weiter Deutsch beibringen; aber Signora Olteanu spricht öfter und lieber französisch mit uns. Annemarie hat geheiratet, sie hat in ihrem Land Kinder bekommen, die die gleichen himmelblauen Augen haben wie sie und denen sie mit geblümten Litzen gesäumte Schürzchen umbindet. Ihr Mann kämpft irgendwo in Europa.

Die Ausgangssperre hat die Stadt abends verstummen lassen, und bei Dämmerung werden die Fensterläden geschlossen, damit auch nicht der kleinste Lichtschein dem Feind unsere Gegenwart verrät. In der Wohnung auf der anderen Straßenseite ist nichts mehr durch die Vorhänge zu erkennen. Ich habe den Geschmack von Schokolade und auch den von Bananen vergessen, in die ich so gern in der Pause hineinbiß; aber den Hunger habe ich noch nicht kennengelernt. Der Millecento mit den roten Ledersitzen hat Holzgasöfen auf dem Dach, und nur Papa benutzt ihn für die Fahrt zum Büro. Der Astura steht still in der Garage. Ich habe soeben die Abschlußprüfung der fünften Klasse Grundschule abgelegt, ohne daß mich jemand aufgefordert hätte, die Uniform der Piccole Italiane anzulegen, die ich ja sowieso nie besessen habe.

Aber wir ziehen an diesem strahlenden Julimorgen um, es ist ein wichtiger Morgen. Die Möbel sind fortgetragen worden und die Küche ist abmontiert, Italia und Letizia haben, an die Seitenwände des Lastwagens geklammert, unseren Hausrat begleitet. Die Wände mit der Pfirsichblütentapete zeigen, kahl, alle Wunden der Zeit, die Geräusche hallen in der Leere, das ganze Haus scheint zu beben, während Wellen von Schwüle und Staub hereinschwappen. Mitten in dieser Schwüle und im Staub steht Signora Della Seta mit einer Platte aus Metall, auf der ein gekochter Wolfsbarsch liegt – ein Geschenk für uns Kinder an diesem Tag voller Durcheinander. Ein Fisch, von dem niemand weiß, wieviel Mühe es sie gekostet hat, ihn zu besorgen, und den wir in der neuen Wohnung essen werden, zwischen dem Geruch nach Pinien und dem Zirpen der Zikaden. Die Luft, die durch das geöffnete Fenster hereinweht, bewegt leise Signora Della Setas seidenen Plisseerock, hebt ein paar graue Haare auf ihrer blassen Stirn. Die Züge ihres Gesichts verschwimmen im gleißenden Julilicht, die Berührung ihrer Hände und der Klang ihrer Stimme verlieren sich in dem großen Schweigen, das sie umgibt. Es ist das letzte Mal, daß ich sie sehe und meine Lippen auf ihre runzlige Wange lege.

Noch weiß niemand, daß eine unermeßliche Frage erwachsen wird aus ihrem stummen Bild, während sie uns den zwischen grünen Petersiliensträußchen liegenden Fisch überreicht. An jenem Julitag hat ihr Bild sich aufgelöst, sich aber der Erinnerung eingeprägt, so als wäre es durchsichtig auf Gaze gedruckt, ohne die Möglichkeit, je den Körper wiederzufinden, der das Licht auffing, oder die Bewegung, wenn sie im Wohnzimmer Platz nahm, das Rascheln ihres Rocks. Nur der gekochte Wolfsbarsch bleibt greifbar, auch wenn er in wenigen Bissen verschlungen war, während die weißen Kügelchen der Augen über den Teller rollten.

Danach waren wir aufgeregt von einem Zimmer ins andere gelaufen, in dem neuen Geruch nach sonnenvergilbtem Gras, hatten die Teller aus den Kisten ausgepackt, die Bürste und den Spiegel, die Spielsachen, die wir wie Fetische in diese neue Wohnung mitgenommen hatten, wo die Pinien in die noch makellosen Zimmer hineinzuwachsen schienen. Und in einem Sonnenuntergang, der kein Ende nahm, heiß, zermürbend, hatten wir uns von der Terrasse hinuntergebeugt und einem der Arbeiter, die das Haus gebaut hatten, zugesehen, wie er seine im Krieg angelegten Gemüsebeete goß. Müde und ein wenig benommen waren wir, an den Lärm und das Grau der Via Flaminia gewöhnt, von dieser neuen Umgebung mit Pinien und Zikaden, weißen Tauben, die jenseits der Einfriedungsmauer eines Klosters aufflogen. Mit einer alten Lackdose, die er in die Backsteinwanne eintauchte, wo früher die Pferde getränkt wurden, schöpfte der Mann Wasser, und zwei Kinder in geflickten Hosen halfen ihm, es gleichmäßig zwischen den Reihen von Tomatenstauden auszugießen. Wir beobachteten sie und suchten, wie zwei Finger, die sich begegnen müßten, die Verbindung, die Berührungspunkte mit dem, was neu war, anders, und von nun an vertraut werden mußte. Blind und taub für die wahre Bedeutung dieses endlosen Tages.

Ohne zu ahnen, daß jenes in der leeren Wohnung zur Bewahrung des Nichts zurückgebliebene Bild der Frau mit ihrer Platte aus Metall und ihrem Plisseerock unbemerkt in unser Gewissen drang. Eine hartnäckige, unwiderlegbare Präsenz, die noch heute ohne mögliche Antwort die Frage aufwirft: »Warum sie? Warum jene endlose, grausame Reise in den Tod?« Warum hat sie sich nicht rechtzeitig in Sicherheit gebracht und uns diese sperrige Last erspart, uns römischen, apostolischen, im Petersdom getauften Katholiken. Aufgewachsen in der Liebe Christi, im Gedenken an seine Passion.

Was mag vorgegangen sein in den Köpfen jener törichten kleinen Mädchen, die gar nicht mehr so klein sind (ich bin elf, meine älteste Schwester wird bald vierzehn), die gerade umgezogen sind und sich an jenem Juliabend wie Divas die Haare kämmen vor dem Toilettentisch in ihrem neuen Zimmer, für jede ein eigenes, mit den hellen, von einem berühmten Architekten entworfenen Möbeln. Für wen, um was bitten wir Gott, angenommen, daß er uns in jenem Sommer zuhört, als wir am folgenden Sonntag in die Kirche San Bellarmino zur Messe gehen und das Beispiel einer mustergültigen Familie abgeben, während wir zusammen mit Papa und Mama im Meßbuch der Epistel des heiligen Petrus folgen, die lautet: »Seid alle einträchtig, voll Mitgefühl und Bruderliebe, barmherzig und demütig! ... Denn die Augen des Herrn sind auf die Gerechten hingewandt, und seine Ohren achten auf ihr Flehen ... Doch müßtet ihr um der Gerechtigkeit willen auch leiden: selig seid ihr zu preisen! So fürchtet euch denn nicht vor ihnen und laßt euch nicht erschrecken! ...« Und in den Kirchenbänken sitzend, lauschen wir dann der Predigt, die mit wenigen Veränderungen immer dieselben Begriffe wiederholt, dieselben Ermahnungen, die sich wie gepanzert jeder persönlichen Anteilnahme verweigern. Worte, die wie Fische in einem Aquarium das mit blau-goldenen Mosaiken geschmückte Gewölbe hinaufschweben, um sich hoch oben in absolutester Langeweile zu verlieren.

Wir schreiben immer noch das endlose Jahr 1942. Im August schickt Gerhardt Riegner, Vertreter des Jüdischen Weltkongresses in Genf, durch den amerikanischen Botschafter in Bern den ersten Bericht über die »Endlösung« nach New York. Erneut wird versucht, den Papst zu einer öffentlichen Stellungnahme zu bewegen, aber nichts bringt das unverbrüchliche Schweigen Pius' XII. ins Wanken. Ebenfalls im August bringt Kurt Gerstein, ein Offizier, der in der Absicht in die SS eingetreten ist, sich in den höheren Rängen direkte Kenntnis über die Vorgänge zu verschaffen, einen detaillierten, grauenerregenden Bericht darüber mit, was in Auschwitz geschieht und wovon er selbst Zeuge geworden ist. Er geht zur Nuntiatur in Berlin und bittet, von Monsignor Orsenigo empfangen zu werden; doch auf die Nachricht, daß ein Militär auf ihn warte, läßt der Nuntius ihm ausrichten, er könne ihn nicht empfangen. Daraufhin vertraut Obersturmführer Gerstein seinen Bericht dem Rechtsberater des Erzbischofs von Berlin an, damit er an den Vatikan weitergeleitet wird. Erzbischof Preysing beeilt sich, den Auftrag auszuführen.

In jenem August, erzählt Schwester Pascalina in ihren Memoiren, hatte Pius XII. in seinem Urlaub in Castel Gandolfo einen sehr harten Beitrag geschrieben, der im »Osservatore Romano« veröffentlicht werden sollte, einen heftigen Protest, um die nationalsozialistischen Greuel anzuprangern. Doch bei der Nachricht, daß die Deutschen nach der öffentlichen Stellungnahme der holländischen Bischöfe zur Vergeltung 40000 Juden in die Gaskammern geschickt hatten, habe der Papst die zur Absendung bereiten Blätter im großen Kamin in der Küche verbrannt. Schwester Pascalina schreibt, Pius XII. sei sehr blaß gewesen, während das Feuer die Seiten verzehrte. Was auf jenen Seiten geschrieben stand, hat niemand je erfahren, und Pius XII. hat keine Spur davon hinterlassen. Aber die erste Frage, die sich spontan stellt, lautet: Also wußte Pius XII. im August 1942 von der endgültigen Vernichtung und den Gaskammern? Schenkt man Schwester Pascalina Glauben, so lautet die Antwort: Ja.

Auf die erste Frage folgt sofort eine zweite. Die in den letzten Jahren veröffentlichten Dokumente stellen die Geschichte der holländischen Bischöfe auf unterschiedliche Weise dar: Am 11. Juli 1942, auf die Nachricht, daß die Juden deportiert werden sollen, schicken die holländischen katholischen Bischöfe zusammen mit den Vertretern der Reformierten Kirchen ein Telegramm an Reichskommissar Arthur Seyss-Inquart: »Die unterzeichneten niederländischen Kirchen, schon tief erschüttert durch die Maßregeln gegen die Juden in den Niederlanden, durch die diese ausgeschlossen werden von der Teilnahme am normalen Volksleben, haben mit Entsetzen Kenntnis genommen von den neuen Maßregeln, durch die Männer, Frauen, Kinder und ganze Familien

weggeführt werden sollen nach dem deutschen Reichs-
gebiet und ihm unterstehende Gebiete. Das Leid, das
hierdurch über Zehntausende gebracht wird, das Bewußtsein, daß diese Maßregeln dem tiefsten sittlichen
Bewußtsein des niederländischen Volkes widersprechen,
vor allem der in diesen Maßnahmen liegende Eingriff in
alles, was uns von Gottes wegen als Recht und Gerechtigkeit auferlegt ist, zwingen die Kirchen, an Sie die dringende Bitte zu richten, diese Maßregel nicht zur Durchführung zu bringen. Für die Christen unter den Juden
wird uns diese dringende Bitte an sie obendrein noch
auferlegt durch die Erwägung, daß ihnen durch diese
Maßregeln die Teilnahme am kirchlichen Leben unmöglich gemacht wird.« Am 14. Juli bestellt Seyss-Inquarts
Assistent Schmidt den Interimssekretär der Generalsynode, Pastor Dijckmeester, zu sich und teilt ihm mit, daß
die vor 1941 konvertierten Juden nicht deportiert werden
(Katholiken und Protestanten zusammengenommen
etwa 1500). Dijckmeester dankt, bedauert aber, daß die
Maßnahme nicht alle Juden betreffe, die getauften wie
die ungetauften. Gleich darauf treten Katholiken und
Protestanten erneut zusammen und bereiten einen Brief
vor, der am Sonntag, 26. Juli, zusammen mit dem Telegramm an Seyss-Inquart in den Kirchen verlesen werden
soll. Als Seyss-Inquart über diesen gemeinsamen Brief
informiert wird, bestellt er Dijckmeester zu sich und ver-
bietet ihm, das Telegramm zu erwähnen und dessen Ergebnis bekanntzugeben, weil die Abmachung geheim
bleiben solle. Am 24. stimmt die Generalsynode zu, die
Forderung zu akzeptieren. Die katholischen Priester dagegen verlesen den Brief in der Kirche so, wie es zu Anfang abgesprochen worden war, und erwähnen das Telegramm. Am 2. August erklärt Schmidt in einer Rede, die

am folgenden Tag von den Zeitungen gebracht wird, wenn der katholische Klerus die Verhandlungen in keiner Weise berücksichtige, fühlten sie sich gezwungen, die katholischen Juden als ihre schlimmsten Feinde zu betrachten, und müßten dafür sorgen, sie sofort in den Osten abzutransportieren. Dies, verkündet Schmidt, sei schon geschehen.

Die siebenhundert protestantischen Juden sind – vorerst – gerettet.

Nach den Anstrengungen des Umzugs sind wir, wie jedes Jahr, in die Sommerfrische gefahren, wenn auch kürzer als sonst. Flaminia und ihre Eltern sind nicht mehr so sehr in Mode, vielleicht haben die politischen Fragen zum Schluß doch Gewicht bekommen. Wir sind in Rapallo, und am Fenster raucht die Räucherkerze zur Vertreibung der Schnaken, die nachts vom Kanal heraufkommen. Die Abende sind dunkel, aber der Mond und die Sterne spiegeln sich im Meer und erhellen den Strand, die Palmen und die Fangen spielenden Kinder. Wir drehen noch eine Runde; wir sind eine kleine Gruppe Heranwachsender und bummeln jeden Abend die Seepromenade entlang, bis sich die Straße, an einer Kurve, plötzlich in der Dunkelheit eines dicht mit Bäumen bestandenen Gartens verliert. Manchmal singen wir: *Giarabub, Quel mazzolin di fiori*, aber auch alte Kinderlieder. Im Kino gibt es *Jud Süß*, das Plakat zeigt dem Betrachter den »Jud« in schmutzigem Rock, mit Hakennase und einer »Hautfarbe, grünlich wie schlammiger Sumpf«, so wie es Papini gefällt. Niemand von uns sieht sich den Film an. Manchmal leihen wir uns nachmittags Fahrräder und radeln die Straße in Richtung Santa Margherita hinauf, um

im Schatten der Eßkastanien ein kleines Picknick zu verzehren, das meist aus Birnen oder Weintrauben besteht.
Hinter uns, ebenfalls auf dem Fahrrad, keucht Signorina
Giampietro, die über unsere Unversehrtheit wachen soll.
Wir haben Kinderfräulein und Gouvernanten satt, die
Hemdchen meiner älteren Schwester beginnen sich über
dem Busen zu wölben, und wir wollen uns frei fühlen.
Also hängen wir sie ab. Die Signorina sucht uns, ruft ab-
wechselnd unsere Namen, wir verstecken die Fahrräder
und schauen im Schatten der Kastanien schadenfroh zu,
wie sie schwitzend auf und ab radelt. Gelegentlich hupt
eines der seltenen Autos hinter ihr her.

Am 14. August erinnert der »Osservatore Romano« auf
seine Weise an Pater Kolbe: »Pater Kolbe«, schreibt er,
»ist vor einem Jahr *still* verschwunden ...«

Ab 1. Oktober haben die noch nicht deportierten Juden in den Gebieten unter reichsdeutscher Verwaltung
keinen Anspruch mehr auf Fleisch, Wurstwaren, Eier,
Getreideerzeugnisse, Milch, Gemüse, Hülsenfrüchte
und Obst. Zum Ausgleich erhalten sie pro Kopf jede
Woche ein Pfund Rüben.

Am 8. Oktober protestiert der Berliner Erzbischof
Preysing in der Kirche gegen die Verfolgungen, denen
sein Klerus ausgesetzt ist. Viele Priester sind ausgewiesen worden, sagt er, viele Novizeninternate und Klöster
geschlossen, in mehreren Kirchen ist der Gottesdienst
untersagt. Die katholischen Schulen wurden abgeschafft,
und die Kreuze, die dort seit Jahrhunderten hingen, wurden abgenommen. Aber sein Protest bleibt auf den Raum
der Diözese beschränkt und verhallt, ohne daß sein Echo
weitere Verbreitung findet.

Am 8. November landen die Amerikaner unter dem Kommando von General Eisenhower in Nordafrika, und um eine Verbrüderungsreaktion der Franzosen diesseits und jenseits des Mittelmeers zu verhindern, besetzen die Deutschen auch die Zone Frankreichs, die bis zu diesem Augenblick eine Pseudo-Unabhängigkeit genossen hatte. Ein kleiner Teil des Gebiets, zwischen den Alpen und der Côte d'Azur, wird Italien zugeteilt. In dem von den Reichstruppen besetzten Teil wird, mit einer schon erprobten Technik, unmittelbar mit der Festnahme aller Juden begonnen. Um der Deportation zu entgehen, flüchten sich Tausende der Verfolgten, dank der Nachsicht der örtlichen italienischen Behörden, in den schmalen Streifen, der Italien zugeteilt wurde. In kurzer Zeit steigt die Zahl der Juden von zwanzigtausend auf fast fünfzigtausend. Roethke, einer der Oberkommandeure der SS in Frankreich, beklagt sich am 21. Juli in Berlin: »Die italienische Haltung ist und war unbegreiflich. Die italienischen Behörden und die italienische Polizei schützen die Juden mit allen ihnen zur Verfügung stehenden Mitteln. Der italienische Einflußbereich, insbesondere die Côte d'Azur, ist zum Gelobten Land für die in Frankreich ansässigen Juden geworden.«

In der Weihnachtsbotschaft jenes Jahres benennt Pius XII. zum ersten Mal die Katastrophe, die über die Juden hereingebrochen ist. Wenige Zeilen auf der vierundzwanzigsten Seite einer Rede von insgesamt sechsundzwanzig Seiten: »Dieses Gelöbnis schuldet die Menschheit den Hunderttausenden, die, persönlich schuldlos und bisweilen nur um ihrer Volkszugehörigkeit oder Abstammung willen, dem Tode geweiht oder einer fort-

128

schreitenden Verelendung preisgegeben sind.« Gleich anschließend wird das dornige Thema der *Rassenverfolgung* fallengelassen, um nie wieder aufgenommen zu werden. Pius XII. fährt in der Tat fort: »Dieses Gelöbnis schuldet die Menschheit den vielen Tausenden von Nichtkämpfern, Frauen, Kindern, Kranken und Greisen, denen der Luftkrieg – Wir haben vor seinen Schrecken von Anfang an wiederholt Unsere warnende Stimme erhoben – mit seiner unterschiedslosen oder nicht hinreichend überprüften Anwendung Leben, Besitz, Gesundheit, die Stätten der Caritas und des Gebetes geraubt hat …«

Es regnet, und wir sitzen in dem großen Raum im Erdgeschoß eines Hotels, das fälschlicherweise den pompösen Namen Grand Hotel Brusson trägt, an einem Urlaubsort, der weder schöner noch berühmter ist als andere und wo unten im Tal ein Gebirgsbach namens Evanson vorbeifließt. Es ist der Sommer 1943. Der Hunger ist unaufhaltsam Teil unserer Tage geworden; ich habe keine Schuhe mehr und trage *sabots*, die Holzsandalen der einheimischen Bäuerinnen. Ich bin gewachsen, und die Kleider sind mir zu kurz und zu eng, das Wetter ist finster, es ist kalt, und die Begeisterung über den Sturz Mussolinis am 25. Juli ist längst verflogen. Um uns über den Regen hinwegzutrösten, spielen wir in einer Gruppe Szenen aus Filmen nach. Unter uns befindet sich ein Junge namens Emanuele Muggia, ich weiß nicht, woher er kommt und warum er hier ist, vielleicht ist er in meine Schwester Teresa verliebt, dessen bin ich mir fast sicher, denn alle Jungen verliebten sich früher oder später in sie. Emanuele Muggia ist Jude, und mich stört seine Widerspenstigkeit, seine ständige Abwehrhaltung. Er ist mir nicht sympathisch. Aber ich bin noch klein und zähle wenig, ich bin plump, und wegen einer sperrigen Spange, die ich zur Begradigung meiner Zähne tragen muß, lisple ich. Auch Giorgio Boagno gehört zu unserer Gruppe, er ist siebzehn Jahre alt und wird sich in Kürze für die Soziale Republik von Salò entscheiden, und Paolo Spriano ist auch dabei, den alle Pillo nennen. Er ist keck und hat einen dichten, zerrauften Haarschopf, das hübscheste Mädchen ist sein, auch wenn er schlecht gekleidet herumläuft und von seinen Tennisschuhen nur noch das Oberleder übrig ist. Paolo wird sich für das Gegenteil dessen entscheiden, was Giorgio Boagno gewählt hat, und ausschlaggebend wird sein zu sehen, wie Primo Levi in Ketten von den Bergen über Brusson heruntergeführt wird.

Aber all das liegt noch vor uns, noch sind wir im Limbus; nur Emanuele steht außerhalb, der Hölle näher. Meine Schwester geht zu ihm hin, nimmt einen Zipfel seines Rockaufschlags, blickt ihn dann herausfordernd an und drückt das Stückchen Stoff zusammen, bis sich zwischen ihren Fingern ein kleines Schweinsohr formt. Sie weiß nicht, daß diese Geste für einen Juden beleidigend und abfällig ist. »Da, jetzt sieht es wirklich aus wie das Öhrchen eines Ferkels«, und sie lacht. Es dauert nur eine Sekunde, das klatschende Geräusch der Ohrfeige platzt in unser kleines Universum wie ein Feuerball. Aber bevor jemand den Mund aufmachen kann, hat Emanuele die Tür schon hinter sich zugeschlagen. Meine Schwester hat Tränen in den Augen und blickt fassungslos um sich. Ein Junge kichert. Vielleicht war er es, der sie zu dieser verächtlichen, grausamen Geste angestiftet und zu ihr gesagt hat: »Los, probier's, es ist doch nur ein Scherz ...«

130

Zusammengedrängt wie in einem Hühnerkäfig sind wir mit dem Bus aus Brusson abgereist, um aufs Land nach Monferrato zu fahren. Später sind wir in einen Zug umgestiegen, wo es nur noch im Güterwagen freie Plätze gab, und wir Mädchen haben uns hingesetzt und die Beine über den Schienen baumeln lassen. Wir brauchen einen ganzen Tag, um kaum mehr als hundert Kilometer zurückzulegen. In der Ebene ist es noch heiß, noch Sommer, und uns gefällt es, von dieser ungewöhnlichen Warte aus hinauszuschauen. Langsam folgt ein Bahnhof auf den anderen, und an einer bestimmten Stelle, ich weiß nicht mehr, wo, während unser Zug am Bahnsteig steht, rattert ein Zug auf den Gleisen und fährt schnell vorbei: Es ist der königliche Zug, der die Prinzessin von Piemont mit ihren Kindern nach Rom zurückbringt.

Es ist ein lichterfüllter September, eine heiße, schräge Sonne läßt die Trauben an den Reben auf den Hügeln reifen, wärmt die alte grüne Holztür unseres Hauses. Nach der Hungerzeit haben wir jetzt wieder Weißbrot, Butter, Milch. Unsere Fahrräder sind vom Speicher geholt worden, und wir radeln kreuz und quer über die staubigen Wege zwischen den Feldern, wo der Mais hoch steht, barfuß planschen wir im Wasser der kleinen Kanäle entlang der Pappelreihen auf der Jagd nach Fröschen, die zwischen unseren Fingern davonhüpfen, und lachen über die dümmsten Kleinigkeiten. Der Waffenstillstand steht bevor, aber das wissen wir nicht, und jene Tage scheinen uns die ersten einer langen Jahreszeit; bis uns der 8. September, an dem die italienische Kapitulation bekanntgegeben wird, einholt wie ein Bumerang. Als würde ein friedlicher Ameisenhügel aufgestört, erheben sich unzählige Stimmen und Rufe, ein hastiges Hin und Her, hoffnungsvoll und ängstlich, euphorisch und ziellos. Am nächsten Morgen nimmt ein Junge, der bei uns zu Gast ist, den ersten Bus, weil er sich beim Militärdistrikt in Alessandria melden soll; und da genauere Anweisungen fehlen, gilt vielleicht der Einberufungsbefehl. Um elf Uhr, während sich widersprüchliche Nachrichten überschneiden, hat die allgemeine Euphorie schon einen ersten Dämpfer erhalten. Um eins, als wir unseren unglücklichen Gast wieder die Allee heraufkommen sehen, verschwitzt und verstört, ist es das Ende. Von seinem Gepäck hat er nur noch die Zahnbürste bei sich, fast zwanzig Kilometer hat er zu Fuß zurückgelegt, nachdem ein kleines Boot ihn schwankend über den Tanaro gebracht hat. Er erzählt, daß die Deutschen in Alessandria die Brücken besetzt halten und am Bahnhof jeden verhaften, der eine Uniform trägt. Die italienischen Soldaten haben sich vorerst in der Zitadelle verbarrikadiert.

Später kommen einige Soldaten auf der Flucht und bitten um Zivilkleidung, damit sie die Uniform ablegen und nach Hause zurückkehren können. Und als sich das Gerücht verbreitet, daß die Deutschen bald auch zu uns kommen, packe ich ein Bündel mit meinem Tagebuch und den Tennisschuhen, die mein kostbarstes Gut sind, und lege auch eine Packung Binden dazu. Auch die, wenngleich anders als die Tennisschuhe, haben einen präzisen Wert. Bei Sonnenuntergang fahren zwei Deutsche auf einem Motorrad mit Beiwagen dröhnend durchs Dorf; und ohne einmal anzuhalten, entschwinden sie auf der Straße nach Occimiano. Etwas enttäuscht habe ich mein Bündel wieder ausgepackt, und Papa hat angeordnet, wir sollen uns fertigmachen, um sofort nach Rom zurückzukehren. Die Alliierten sind in Salerno gelandet, und Papa ist sicher, daß sie in wenigen Tagen Rom erreichen (in Wirklichkeit werden sie neun Monate brauchen). Mit Hilfe von Italia und Letizia hat Mama begonnen, einen Koffer mit Birnen und einen zweiten mit Nüssen zu füllen, sie hat die Eier und die Hühner einpacken lassen, und der Spediteur ist gekommen, um den großen Reisekoffer abzuholen. Aber mein Bruder will nicht nach Rom zurück, er sagt, dort werden wir alle verhungern. Am nächsten Morgen geht er zum Bahnhof von Giarole, um alles rückgängig zu machen: Wir reisen nicht mehr ab. Er nimmt sein neues Fahrrad, ein zur Bahnspedition bereites silbernes Wolsitt, und verschwindet damit in den Hügeln Richtung Mosa. Der Tag ist wolkenlos, und die lauen Septemberschatten wandern über die Mauern, wo die lateinischen Inschriften über den Fenstern zum Frieden und Verweilen einladen, während wir, auf den Stufen sitzend, mit einem plötzlich aufkommenden bangen Gefühl eine letzte Nuß knacken. Rundherum hört man eilige Schritte, Schläge mit dem Teppichklopfer, Befehle und Gegenbefehle. Doch auf einmal entlädt sich Papas Zorn, kalt, genau wie der Zorn Gottes, der sieht, weiß und straft. Ich bekomme eine Ohrfeige (die zweite meines Lebens), weil ich nicht »petzen« und sagen will, wo mein Bruder sich versteckt hält. Ich weine nicht. Ohne Geschrei und ohne ein überflüssiges Wort wird der Spediteur zurückgeholt und beauftragt, sofort zum Bahnhof von Giarole zu gehen, um den Koffer aufzugeben. Das Programm ändert sich nicht: Wir reisen am selben Abend ab. Und noch vor dem Abend ist mein Bruder wieder zu Hause, hungrig und staubig. Die Trauben auf den Weinfeldern sind schon abgeerntet, und die Bauern haben sich in ihren Häusern verbarrikadiert, er hat seit dem Morgen nichts mehr gegessen.

(In der Folge wird mein Bruder noch einmal davonlaufen. Mit siebzehn wird er unter Angabe eines falschen Alters als Freiwilliger in die Nationale Befreiungsarmee eintreten. Auch diesmal wird er abends durchnäßt und besiegt zurückkommen, frierend und hungrig, nachdem meine Eltern einen Tag lang krampfhaft nach ihm gesucht haben. Noch lange wird in der Familie über diese zweite fehlgeschlagene Flucht gewitzelt werden, über den Helden ohne Heldentum. Aber im Abstand der Jahre hat dieses Ereignis eine andere Bedeutung gewonnen und erscheint mir heute als der einzige großherzige Versuch, am allgemeinen, im Sinn von »alle betreffenden«, Leiden und Elend teilzunehmen. Ein Versuch, wenn auch unbeholfen und ungeschickt, aus dem Schutzkreis der Familie auszubrechen, wo sich alles im Innern sammelt und abspielt: Werte, Ideen, Gefühle. Er hat als einziger von uns den Impuls gespürt, sich selbst aufs Spiel zu setzen. Er hat es probiert: Indem er still die Tür hinter sich zuzog, während es draußen in Strömen regnete und man nicht einmal wußte, ob schon Tag war, und diesmal steckte er auch Brot und Salami in die Tasche, aber es hat ihm nichts genützt.)

Ein zweirädriger Karren, der sogenannte »Reisewagen«, hat uns nach Giarole gebracht, wo wir einen der letzten Züge erreichten, die nicht beschossen wurden. Noch einmal hat Papa recht gehabt. Durch die abgewetzten kurzen gelben Vorhänge haben wir ein wenig bestürzt zugesehen, wie die menschenleeren Felder in einem lichterfüllten Sonnenuntergang vor dem fernen Alpenpanorama verschwanden. Ich erinnere mich nicht mehr an die Reise bis nach Rom, ich erinnere mich nur an den ununterbrochenen Anblick zerborstener Häuser, an Zimmer, aufgeplatzt wie faule Äpfel, deren Tapeten zu sehen waren, manchmal noch ein Bild an der Wand, ein Waschbecken, der Rauchfang einer Küche. Ich erinnere mich an einen uralten Eisenbahnwagen, dessen Türen sich ins Innere der Abteile öffneten. An die endlosen Aufenthalte in den Bahnhöfen, der Blick wie festgenagelt auf den zerfetzten oder zwischen Haufen ausgerissener Gleise umgestürzten Waggons, das beklommene Warten auf den Ruck der Lokomotive, mit dem sich der Zug wieder in Bewegung setzte. An den Kohlenrauch, der unsere Nasenlöcher hatte schwarz werden lassen, schwarz die Finger, die sich am Fenster festklammerten, um hinauszuschauen, schwarz der Blusenkragen und das Taschentuch.

In Rom sind die Deutschen überall. Nach der Schießerei an der Porta San Paolo, in der wenige, verzweifelte Soldaten zusammen mit ihren Offizieren bei der Verteidigung der Stadt umgekommen sind, ist General Stahel am 10. Oktober Kommandant der Stadt geworden. Am selben Tag hat Pius XII. dem deutschen Botschafter Ernst von Weizsäcker, der seit einigen Monaten von Bergen abgelöst hat, ein Dokument zustellen lassen, in dem gefordert wird, die Vatikanstadt zu respektieren, und angefragt, welche Maßnahmen man zu ihrer Sicherheit anzuwenden gedenke. Gleich darauf folgt ein zweites Dokument, worin erklärt wird, daß der Vatikan keinerlei Anteil an den Waffenstillstandsverhandlungen gehabt habe.

Die beiden Deutschen auf dem Motorrad sind nach Mirabello zurückgekommen, und zusammen mit ihnen ein ganzes Kommando, das sich in unserem Haus einquartiert hat. In dem großen Ehebett in Mamas Zimmer schläft jetzt ein Hauptmann der Wehrmacht mit seiner jungen Geliebten. Ich bin sehr beunruhigt, denn in meinem Tagebuch, das ich auf dem Schrank vergessen habe, steht: Es lebe Badoglio, nieder mit Mussolini.

Auch das Klausurkloster an der Via Salaria ist beschlagnahmt worden, und im Nutzgarten, wo wir noch im Juli das Angelusläuten der Glocke hören konnten, hacken deutsche Soldaten in Hemdsärmeln Holz, und Tauben scharren ungestört zwischen den Furchen der eilig verlassenen Salatbeete. Melancholische Wachsoldaten wagen hier und da ein Kompliment gegenüber den Frauen, die in der Dämmerung an dem strengen schwarzen Portal vorüberhasten. Wir sind in die Schule zurückgekehrt. Der 16. Oktober ist unser zweiter Schultag.

Papa erfährt es durch den Portier: Die Levis sind an jenem Morgen um sechs von der SS abgeholt worden. Von den Della Seta weiß Domenico nichts; vor einigen Tagen haben sie die Wohnung verlassen, ohne jemandem Bescheid zu sagen.

Doch die Levis und die Della Seta waren schon verblaßt in meiner Erinnerung, und meine Aufmerksamkeit hatte sich dem zugewendet, was Mama von einer Frau erzählte, die gerade ein Kind geboren hatte und noch im Nachthemd von den SS-Soldaten gezwungen wurde, auf einen Lastwagen zu steigen. Aber in dem Augenblick, in dem sie hinaufgestoßen wurde, im Durcheinander der Befehle und Rufe, hatte sie ihren in Windeln gewickelten Säugling einem verstörten und entsetzten Passanten in die Arme geworfen. Und während Mama spricht, kommt es mir vor, als sähe ich die Frau, verzweifelt und mit wirrem Haar, so wie diejenigen sie gesehen haben müssen, die zufällig dort vorübergingen und versteinert der Szene beiwohnten.

Bei der Zählung im Jahr 1938 erfaßte man in Rom circa 12 000 Juden (das Register, das 13 376 »Personen jüdischer Rasse« aufführte, betraf die gesamte Provinz). Im Oktober 1943 ist es schwierig zu sagen, wie viele davon geblieben waren und wie viele dagegen von Norden hinzugekommen waren in der Hoffnung, Rom sei ein sicherer Ort. Im Morgengrauen des 16. Oktober gelang es den Deutschen, 1259 von ihnen festzunehmen. Es war ein Samstag (immer wählten die Deutschen den Samstag, weil sie wußten, daß es dann leichter war, die versammelten Familien anzutreffen), und ab vier Uhr morgens hatten sie in den Straßen des Ghettos zu schießen begonnen, um jedes Entkommen zu verhindern. Alles ging sehr schnell. Von heftigen Schlägen an der Tür geweckt, hatten die Männer, die Frauen, die Alten und die Kinder zwanzig Minuten Zeit, um sich anzuziehen und Lebensmittel für acht Tage zusammenzusuchen, einen Koffer mit dem Nötigsten zu packen und das Geld einzustekken, das sie im Haus hatten (Geld, das die Deutschen ihnen dann gezielt bis zur letzten Lira abnehmen werden). Eine Blitz-Operation, durchgeführt von 365 am Vorabend eingetroffenen SS-Männern unter dem Kommando von Theodor Dannecker, der sich schon Anfang Oktober in einigen Zimmern eines bescheidenen Hotels in der Via Po eingerichtet hatte, um die Lage zu studieren. Von diesen 1259 werden am Abend 237 freigelassen, weil sie keine Juden sind, sondern arische Ehepartner oder Kinder aus gemischten Ehen, oder weil sie aus neutralen Staaten stammen. Von den am 16. Oktober verschleppten 1023 Personen werden 17 zurückkehren (die 1023. war Costanza Calò Sermoneta, die zum Zeitpunkt der Festnahme ihrer Familie nicht zu Hause war und verzweifelt am Bahnhof Tiburtina ankam, wo ihr gestattet wurde, in denselben Zug zu steigen wie ihr Mann und ihre Kinder). Zu den 1023 am 16. Oktober Deportierten kommen noch weitere 723 Juden hinzu, die während der folgenden neun Monate deutscher Besatzung in Rom festgenommen wurden. Von diesen werden 75 in den Fosse Ardeatine getötet und 4 im Lager von Fòssoli. Die übrigen 644 werden ebenfalls nach Auschwitz deportiert.

Am 16. Oktober, nachdem sozusagen unter den Augen des Papstes, wenige hundert Meter Luftlinie von Sankt Peter entfernt, die Operation *Judenrein* durchgeführt worden ist, gab es im Vatikan viel Aufregung, und der Staatssekretär bestellte Botschafter von Weizsäcker zu sich. Die Begegnung verlief recht freundschaftlich, und nachdem er die Proteste von Monsignor Maglione angehört hatte, fragte der Botschafter: »Was wird der Heilige Stuhl unternehmen, falls die Sache andauern sollte?« Die Antwort lautete überaus diplomatisch: »Der Heilige Stuhl würde ungern in die Notwendigkeit versetzt, sein Wort der Mißbilligung auszusprechen ...«

In seinem Buch über die italienischen Juden während des Faschismus berichtet Renzo de Felice über jenen 16. Oktober: *Kaum hatte der Heilige Stuhl Nachricht von der Razzia erhalten, veranlaßte er zwei halboffizielle Schritte gegenüber den Deutschen, einen durch Monsignor Hudal, Rektor der Kirche Santa Maria dell'Anima, und den anderen durch Pater Pfeiffer von der Gesellschaft des Göttlichen Erlösers, worin er sie darauf aufmerksam machte – wie aus dem Brief von Monsignor Hudal an General Stahel, Militärkommandant von Rom [General Stahel war praktizierender Katholik und Bayer wie Pater Pfeiffer], hervorgeht –, daß es »im Interesse des guten Einvernehmens zwischen Vatikan und dem deutschen Militärkommando« opportun sei, diese Verhaftungen sofort einzustellen, und durchblicken ließ, daß es nicht auszuschließen sei, daß der Papst sonst »offiziell gegen diese Festnahmen Stellung nehmen« werde. Nach einem Dokument von P. Duclos führten die beiden Schritte zu dem gewollten Ergebnis: Am 17. Oktober wurde Monsignor Hudal von dem deutschen Kommandanten von Rom informiert, daß Himmler, nachdem er von der Stellungnahme des Vatikans erfahren hatte, anordnete, die Verhaftungen einzustellen. Über diese beiden halboffiziellen Schritte wollte Pius XII. absolut nicht hinausgehen, womit er in gewisser Weise sogar bei den Nazis Staunen erregte. Als Botschafter von Weizsäcker am 17. Oktober Berlin von der Betroffenheit unterrichtete, die die Vorgänge des Vortags im Vatikan ausgelöst hatten, und von dem Druck berichtete, der auf den Papst ausgeübt wurde, um ihn aus seiner Reserve herauszulocken, schloß er die Möglichkeit, daß Pius XII. sich zu einer Stellungnahme durchringen werde, nicht aus. Am 28. Oktober konnte wiederum Weizsäcker das Außenministerium in Berlin jedoch endgültig beruhigen: »Der Papst hat sich, obwohl von verschiedenen Seiten bestürmt, zu keiner demonstrativen Äußerung gegen den Abtransport der Juden aus Rom hinreißen lassen.«*

Die einzige offizielle Reaktion bestand in einem blassen Leitartikel im »Osservatore Romano« vom 25./26. Oktober, als die aus Rom verschleppten Juden in der Mehrheit schon vor zwei Tagen in den Gaskammern von Auschwitz-Birkenau umgekommen waren. In gewundenem und unklarem Stil hob das Blatt hervor, daß der Papst seine väterliche Fürsorge allen Menschen ohne

Unterschied der Nationalität, Rasse und Religion ange-
deihen lasse und daß sich die vielgestaltige und unauf-
hörliche Aktivität Pius' XII. in letzter Zeit infolge der
vermehrten Leiden so vieler Unglücklicher noch verstärkt habe.

Und wenn es auch keine Blitzaktion wie am Morgen
des 16. Oktober mehr gab, so dauerte die engmaschige
Jagd auf die Juden in Rom doch ungestört an, wenn es
stimmt, daß in den verbleibenden neun Besatzungsmo-
naten weitere 723 Juden verhaftet wurden. Eine Jagd, die
in dieser zweiten Phase von Hans Gasser organisiert
wurde, aber vor allem vom italienischen Polizeipräsidium in Rom selbst.

Die religiösen Einrichtungen, denen es freistand, jeden
aufzunehmen, der in Gefahr schwebte, haben großmütig
Kinder und Erwachsene beherbergt, getaufte und unge-
taufte. Allein in Rom waren es 155 Einrichtungen: 100
Nonnenklöster und 55 Mönchsklöster. Lebensmittel
und Kleidung für die Bedürftigen kamen vom Vatikan.
Und wenn der Kriegsverlauf in nicht ferner Zukunft auf
eine deutsche Niederlage schließen ließ, eine Überle-
gung, die dazu beitrug, daß sich die Waagschale zugunsten der Verfolgten, der möglichen Richter von morgen,
neigte, so ist auch wahr, daß die Aussicht auf eine Niederlage die Deutschen noch bösartiger gemacht hatte. Juden aufzunehmen war gefährlich. Und wenn es auch
keine Zwischenfälle gab, abgesehen von dem Überfall
der faschistischen Polizei, die in der Nacht vom 3. auf den
4. Februar die Türen des Benediktinerklosters neben der
Paulus-Basilika aufbrach und 64 Personen verhaftete,
darunter 9 Juden, so hatten all die Ordensleute, die so gefährlichen Gästen Asyl gewährten, doch gewiß bei mehr
als einer Gelegenheit große Angst. Zu ihrem Glück hat-

ten Stahel und Dollmann schon genug Schwierigkeiten, die Ordnung in Rom aufrechtzuerhalten, und wollten keine Zwischenfälle mit dem Vatikan riskieren; und bis zur Ankunft der Alliierten gab es von deutscher Seite keinen ernsthaften Versuch, die Juden jenseits der Klostermauern zu verhaften. Kein Geistlicher ist verhaftet oder deportiert worden, weil er Juden aufgenommen hat, wie es dagegen in anderen Ländern unter nationalsozialistischem Regime geschehen ist. Und in der ganzen Besatzungszeit haben sich die Autos mit dem Nummernschild der Vatikanstadt frei und in aller Sicherheit in Rom bewegt, während deutsche Posten, von Pius XII. angefordert, über die Unversehrtheit des winzigen Staates wachten.

Ich kenne ein Buch von Shlomo Breznitz, einem jüdischen Psychologen, der an der New School for Social Research in New York unterrichtet und der als Kind während der Kriegsjahre in der Tschechoslowakei lebte. Den Eltern – der Vater kam in Auschwitz um, die Mutter überlebte – war es gelungen, ihn in einem Waisenhaus unterzubringen, das von Nonnen in einem kleinen Dorf bei Bratislava geführt wurde: Zilina. In *Vergiß niemals, wer du bist. Erinnerungsfelder meiner Kindheit* erzählt Shlomo Breznitz, wie die Deutschen im April 1945 in das Kloster eindrangen, um ihn abzuholen, aber die Schwestern versteckten ihn unter einer schweren Steppdecke im Schlafsaal. Da sie ihn nicht fanden, kamen die Deutschen, sicher, daß er dort versteckt war, wenig später mit Hunden wieder, um ihn aufzuspüren; doch die Oberin stellte sich vor die Tür und begann zu schreien. Viele Jahre später kehrte Breznitz als Erwachsener zum Kloster in Zilina zurück, um zu erfahren, was die Oberin denn geschrien habe, um die Deutschen daran zu hindern, hineinzugehen und ihn zu holen. Aber die Oberin war gestorben, und keine der Schwestern war mehr in der Lage, ihm etwas darüber zu sagen; vielleicht hat keine je gewußt, welche Worte die Oberin ausgerufen hatte. Sie erinnerten sich nur, daß sie sich in die Tür gestellt hatte, um den Zugang zu versperren, und geschrien und geschrien hatte, ohne sich um die Hunde zu kümmern, die sie anknurrten, bereit, sich auf sie zu stürzen. »Die Faszination des Versteckens verblaßt«, schreibt Breznitz, »im Vergleich zur Rätselhaftigkeit des Mutes, besonders, wenn sich beide ergänzen. Wenn die Furcht uns zum Weglaufen treibt und die Vernunft Bleiben diktiert, wenn der Körper befiehlt, tu es nicht, und die Seele erwidert, tu es, dann ist im immerwährenden Kampf zwischen dem Mut und seinem allgegenwärtigen Gegner, der Furcht, ein Gleichgewicht hergestellt.«

Eine Frage wartet noch auf ihre Antwort: Warum haben sich die Levis, als Deportationen ohne Wiederkehr schon Realität waren, nicht rechtzeitig in Sicherheit gebracht?

Zu ihrem Unglück hat die dumme und tückische deutsche Hinterlist gewiß eine nicht unmaßgebliche Rolle gespielt. Am 26. September verlangte Herbert Kappler, Kommandant der SS in Rom, von der israelitischen Gemeinde fünfzig Kilo Gold; sollte sie die Menge nicht aufbringen, würden unverzüglich 200 Juden deportiert. Unter großen Opfern war es den Gemeindemitgliedern, die durch die Rassengesetze und das Elend des Krieges schon auf jede Weise ausgelaugt waren, gelungen, die fünfzig Kilo zusammenzubringen, und auch mehrere

»Arier« trugen zu der Sammlung bei, indem sie sich im Tempel einfanden und einen Ring, eine Halskette oder ein Armband beisteuerten (Pius XII. bot an, der Gemeinde leihweise zwölf Kilo zu überlassen, die sie ohne Eile würde zurückzahlen können. Aber es war nicht nötig). Und wenn auch der antisemitische Haß der Nationalsozialisten schmerzlich bekannt war, so schien man den Deutschen doch keinen so feigen und entehrenden Betrug zuzutrauen. Grausamkeit ja, Wortbrüchigkeit nein. Die Nazis präsentierten sich als Emblem einer blinden, absurden Ordnung, aber doch einer Ordnung; und wenn sie für etwas schmerzlich bekannt waren, dann für die Erbarmungslosigkeit, mit der sie darauf bestanden, daß die Regeln eingehalten wurden. Den Befehl nicht zu befolgen, der den Juden auferlegte, jede Wohnsitzveränderung zu melden, konnte sich als gefährlicher erweisen, als irgendwo einen unsicheren Unterschlupf zu suchen. Ob es sich um kleine Händler aus dem Ghetto oder um Angehörige des Bürgertums handelte, die Gesetzestreue war in der jüdischen Gemeinde sehr stark und wurzelte auch tief in der eigenen Religion. In den wenigen Jahren, die seit der Einigung Italiens vergangen waren, hatte sich dieser Sinn für Legalität nicht abgeschwächt, sondern noch verstärkt durch den Antrieb, das eigene Berufsethos und Pflichtbewußtsein zu beweisen. Und unter den kleinen Händlern, die ihren Lebensunterhalt der Beachtung der Regeln ihrer Kundschaft gegenüber verdankten, waren die meisten Opfer jenes 16. Oktober 1943.

Um sich zu retten, wäre »etwas mehr Arglist« nötig gewesen. Die haben die Levis nicht besessen.

Doch manchmal denke ich, daß dies nicht der einzige Grund ist. Ich denke an uns und unser Haus mit dem Blick auf die Pinien in der Stille des Abends, auf den von den Nonnen verlassenen Nutzgarten, wo wir den Deutschen beim Holzhacken zusahen. An meinen Vater, der im September 1943 sein Büro geschlossen hatte, um nicht mit den Deutschen zusammenarbeiten zu müssen, und die Nachmittage nun, in einen alten Morgenrock von Mama gehüllt, damit verbrachte, Briefmarken Bogen um Bogen mit Talkumpuder zu bestäuben: sein Versuch, einen Teil des Vermögens zu retten, das die Inflation mit großen Schritten verzehrte. Auch wir Mädchen waren nach Eintreten der Ausgangssperre gehalten mitzuhelfen, und die am Rand leicht gewellten Blätter häuften sich stoßweise auf dem Tisch, während sich das Bild unseres nach Brindisi geflüchteten Königs zwischen Puderwolken endlos wiederholte: hellgrün, braun, amarantrot.

Neun Monate des Wartens auf jene Phantom-Soldaten, Engländer, Amerikaner, Südafrikaner, Marokkaner, Polen, Kanadier, immer ganz nah und immer weit entfernt, die uns über den Äther ihre beruhigenden Kinderbotschaften sandten: »Die Pasta ist gar.« – »Luigi hat sein Heft verloren.« – »Die Äpfel sind reif.« Und an klaren Tagen konnten wir, vom Südwind herübergetragen, in Abständen die dumpfen Schläge ihrer in den Pontinischen Sümpfen steckenden Kanonen hören.

Papa wollte, daß ich nachmittags wenigstens eine halbe Stunde Klavier übte, bevor ich auf den Wiesen vor dem Haus spielen ging. Ich legte einen Roman auf den Notenständer des Klaviers und blätterte die ganze halbe Stunde, während die Finger immer auf denselben Tasten hin und her wanderten, Seite um Seite des Buchs um, auf das ich unverwandt den Blick gerichtet hielt, wahrscheinlich ohne das geringste zu verstehen. Es ging mir nur darum, meine Unabhängigkeit zu beweisen. Nach der halben Stunde sprang ich sofort die Treppe hinunter, um meine neuen Freundinnen zu treffen: Für mich war es eine phantastische Zeit, auch wenn fast immer der Magen knurrte und Hände und Füße juckten wegen der Frostbeulen. Aus Angst vor den Bombardements schickten uns die Nonnen mitten am Vormittag aus der Schule nach Hause, und Mama verbrachte, aufgestachelt von unserem unstillbaren Hunger, die Tage damit, sich den Kopf darüber zu zerbrechen, wie sie die wunderbare Brotvermehrung Christi nachahmen könnte. Signora Olteanu war uns geblieben, aber die Schwierigkeiten, sich von einer Zone der Stadt in die andere zu begeben, hatten ihre Besuche auf zwei Nachmittage pro Woche beschränkt, an denen sie gleich nach dem Essen mit mir auf der Via Salaria spazierenging. Wir unterhielten uns auf Französisch, denn diese Sprache hatte sie viel lieber als das Deutsche, und während wir an der Einfriedungsmauer der Villa Savoia entlangwanderten und Kesselrings Bekanntmachung lasen, nach der jeder zum Tode verurteilt wurde, der sich weigerte, der Repubblica Sociale Italiana zu dienen, erzählte sie mir von ihrer Jugend. Signora Olteanus entschlossener Schritt hallte durch die halbverlassene Straße zwischen den hohen bröckelnden Mauern mit den rostenden, stets geschlossenen Gittertoren, und für die kurze Dauer eines Spaziergangs vergaß sie den Hunger und die Demütigungen und den Schmerz um die überall in Europa versprengten Kinder. Die Via Salaria verlor sich im Brachland zwischen dem Gewirr der trostlosen Pfade, die zum Aniene hinunterführten, und ihre dunklen Augen leuchteten unter dem Turban, der ihr tief in das abgehärmte Gesicht rutschte, bei der

Erinnerung an große, erhabene Gefühle, Klavierklänge und Sonnenuntergänge über dem schwarzen Meer, glühend und unvergleichlich sanft.

Ansonsten herrschte endlich die große Freiheit. Ich brauchte mich nicht zu waschen, nicht zu kämmen, konnte bis zur Sperrstunde herumtoben oder stundenlang in einem Sessel zusammengerollt lesen. Ich zog mich nicht einmal mehr aus, wenn ich zu Bett ging, sondern streifte einfach den Schlafanzug über den Unterrock, und auch die Kniestrümpfe ließ ich gleich an; so stand ich am nächsten Morgen im letzten Augenblick auf und war in drei Minuten fertig, mit gepackter Schulmappe. Abends mußte die ganze Familie in Mamas Zimmer kniend den Rosenkranz beten, während noch immer der Talkumpuder in der Luft hing, an den Kleidern, an den Haaren, an den Schuhsohlen klebte. Ich war müde, und die Augen fielen mir zu; die freudenreichen, schmerzhaften und glorreichen Geheimnisse wurden in der tiefen Stille heruntergeleiert, die mit der Dunkelheit eintrat; selten war das Quietschen der Reifen eines Autos zu hören, das Klappern eines Kanaldeckels, das ferne Pfeifen eines Zugs.

Was erwarteten sie von uns, die Della Seta? Ingenieur Levi und jener Junge, der so gern Chopin spielte? Sie hatten nicht verstanden, daß das Unvorstellbare Wirklichkeit werden konnte, weil es auf dunkle, fatale Weise nur *sie* betraf. Die schuldlos Schuldigen. Sie hätten wissen müssen, daß bei den diplomatischen Verhandlungen des Vatikans, die zum Ziel hatten, den Deutschen einen Teil ihrer menschlichen Beute abzujagen, alle Anstrengungen zugunsten derer unternommen wurden, die den *Gottesmord* anerkannt und sich von der *Schuld reinge-*

waschen hatten, indem sie ihr Haupt unter dem Tauf-wasser neigten. Daß die Juden, die *hartnäckig darauf bestanden, nicht zu konvertieren,* früher oder später Opfer ihres Stolzes und ihres Verharrens im Irrtum werden würden. Ein schmerzliches und unvermeidliches Schicksal trennte sie von *uns.*

So ist es »auf der Welt«. Denn auf den Straßen ist dann alles anders gewesen. Die einen haben den Juden mit hochmütiger Gleichgültigkeit den Rücken gekehrt, und manche haben sie für fünftausend Lire verraten und verkauft, so viel zahlten die Deutschen für jeden angezeigten erwachsenen Juden; der Preis sank auf dreitausend Lire, wenn es sich um eine Frau handelte, und auf tausend Lire für ein Kind. Aber es gibt auch andere, die es sich nicht zweimal überlegt haben, ihr Leben zu riskieren, um Juden zu retten.

Heute kenne ich wunderbare Geschichten von Menschen, die ganze Familien versteckt und monatelang die kargen Rationen der Lebensmittelkarten mit ihnen geteilt haben und denen bei jedem verdächtigen Klingeln ein eiskalter Schrecken in die Glieder fuhr. Mirella Calò war ein vierjähriges Kind mit drei nur wenig älteren Schwestern. Am Nachmittag des 15. Oktober warnte Romolo Balzani, ein Straßensänger aus dem Viertel, ihren Vater, der ein Schrottautogeschäft in der Via del Pellegrino unterhielt: Er habe im Polizeipräsidium gehört, die Deutschen würden in dieser Nacht kommen und die Juden abholen. Der Vater ließ den Rolladen vor seinem Geschäft herunter und eilte nach Hause, nach Testaccio. Er besaß kein Telefon und warnte einige Verwandte, so gut er konnte. Seine Frau zog den Mädchen zwei Paar Schlüpfer an, dazu zwei Pullover übereinander und den Mantel, und verließ das Haus, ohne etwas anzurühren.

Es war schon spät, die Straßen begannen sich zu leeren, und da ihm nichts Besseres einfiel, brachte der Vater alle fünf in das Bordell an der Via del Pellegrino, dessen Besitzerin sich bereit erklärt hatte, sie für eine Nacht im Keller zu verstecken. Dann lief er davon und versuchte, sich auf dem Land in Sicherheit zu bringen.

In jenem Keller verbrachte Mirella mit ihrer Mutter und den Schwestern acht Monate. Nur abends nach der Ausgangssperre schlüpften sie in den Hof hinaus. Wenn alle Kunden gegangen waren, kamen die »Signora« oder »Signor Adolfo«, um ihnen etwas zu essen zu bringen. Tagsüber durfte niemand im Keller sprechen oder das geringste Geräusch machen, denn auf der Treppe herrschte ein ständiges Kommen und Gehen, auch von deutschen Soldaten. Um die vier kleinen Mädchen, die zum Schweigen verdammt waren, etwas abzulenken, ging »Signor Adolfo« ab und zu hinunter und spielte mit ihnen Karten. So lernte Mirella Calò im Alter von vier Jahren »Tresette«, »Mariaccia«, »Briskola« und »Scopone«.

Mirellas Tante Elisabetta wohnte ebenfalls in Testaccio. Von ihrem Schwager gewarnt, nahm sie die Handtasche und verließ, so wie sie war, mit ihren drei Kindern das Haus. Es war kurz vor der Ausgangssperre, und von Panik erfaßt stieg sie in ein Taxi. Als sich der Taxifahrer umwandte, um sie zu fragen, wohin er sie bringen solle, antwortete sie in römischem Dialekt: »Keine Ahnung. Ich bin Jüdin, und die Deutschen sind hinter uns her.« Der Taxifahrer erbleichte: »Heilige Madonna, was mach ich jetzt mit denen?« Doch nach einem Augenblick der Bestürzung, in dem sie sich anstarrten, beide zu Tode erschrocken, ließ der Mann den Motor wieder an und brachte alle vier nach Hause zu seiner Frau Ermete und seinen Kindern. Und dort blieben sie dann acht Monate lang, in zwei Zimmern zusammengepfercht, mit ernährt von dem wenigen, was die Frau des Taxifahrers auftreiben konnte.

In der Via degli Scipioni 35, Ecke Via Leone IV, wo die Straße ihren großbürgerlichen Charakter mit Gärten und Orangenbäumen verliert und zu einer Straße mit Läden und umbertinischen Palazzi wird, stehen Mietshäuser mit mehreren Eingängen. In einem von ihnen, in der Nummer 35, wohnte Familie Sermoneta: Vater, Mutter, Großvater und Rosetta, die damals siebzehn Jahre alt war. Am Morgen des 16. Oktober, früh um sieben, begleitete die Portiersfrau zwei SS-Männer zur Tür der Sermonetas. Während sich alle vier fertigmachten und versuchten, so viele warme Kleidungsstücke wie möglich übereinanderzuziehen, ging einer der SS-Männer, nachdem er die Telefonleitungen durchschnitten und die Reifen des Fahrrads zerstochen hatte, in der Annahme davon, daß nunmehr alles »ordnungsgemäß« verlaufen werde. Der Mutter blieb noch Zeit, um die beste Wäsche in einen Koffer zu packen und ihn einer evakuierten Familie in der Nachbarwohnung zu übergeben. Vor dem zweiten SS-Mann mit Gewehr im Anschlag gingen die vier dann mit dem wenigen Gepäck, das sie mitnehmen durften, hintereinander in den Hauseingang hinunter. Der Lastwagen war noch nicht eingetroffen, es war feucht, kalt und regnerisch, manche Lebensmittelgeschäfte hatten schon die Rolläden hochgezogen, und vor dem Gemüsehändler stand eine kleine Schlange. Rosetta erhielt die Erlaubnis, bis zum Bäcker an der Ecke zu gehen, um Brot zu holen, und kam zum Haustor zurück, wo ihre Eltern mit dem Großvater warteten. Einige Passanten hatten sich unterdessen den dreien genähert, die, von dem SS-Mann mit Gewehr im Anschlag bewacht, neben ihren Koffern standen. Es war nicht schwierig zu verstehen, was da passierte. Alle in der Via degli Scipioni kannten die Sermonetas, Rosetta war in dem Haus geboren und hatte, bis die Rassengesetze die Mädchen trennten, jeden Morgen den Schulweg zusammen mit der Tochter des Bäckers an der Ecke zurückgelegt.

Der Lastwagen ließ auf sich warten; immer mehr Leute blieben stehen, und im Verlauf einer Viertelstunde war eine kleine Gruppe zusammengekommen, die sich ständig vergrößerte. Daraufhin hatte der SS-Mann die Sermonetas auf die Straße gestoßen und um die Ecke auf die Via Leone IV gedrängt in der Hoffnung, den Lastwagen heranfahren zu sehen. Die Gruppe, die sich vor dem Haustor gebildet hatte, war ihnen gefolgt und war, während der deutsche Soldat die Sermonetas mit ihren Koffern vorwärtsdrängte, noch größer geworden und immer näher gekommen. Geschlossen hatte die Gruppe hinter den Sermonetas den Viale Giulio Cesare überquert, um dann in den Viale delle Milizie mit den großen, herbstlich gelben Platanen einzubiegen. Weitere Personen traten hinzu, jemand sagte: »Los, haut ab!«, aber die Sermonetas brachten nicht den Mut auf. Plötzlich packte ein Mädchen Rosetta am Ärmel: Es war die Tochter der Gemüsefrau, die ihren Stand am Viale Giulio Cesare hatte. Gewaltsam zog sie sie in ein Haustor auf der anderen Straßenseite, doch die Portiersfrau schickte sie erschrocken fort und sagte: »Nein, nein, hier nicht.« Die kleine anonyme Menschenmenge hatte unterdessen den SS-Mann eingekreist, während Rosettas Mutter den Koffer abstellte und auch den schweren Mantel zu Boden gleiten ließ, der sie in ihren Bewegungen behinderte. Gleich darauf fanden sich Vater, Mutter, Tochter und Großvater wieder zusammen und bogen in die erste Querstraße links ein und dann wieder nach rechts in die Via Giovanni Bettolo, wo sie in das nächstbeste Haustor traten. Sie waren schon auf dem Weg in den Keller, als jemand sie zurückrief: Auf der Straße wartete ein Taxi mit laufendem Motor. Man erfuhr nie, wer es gerufen hatte und woher es kam. Die Sermonetas waren zu erschrocken, um Fragen zu stellen; der Vater nannte die Adresse der Wohnung seines Friseurs an der Piazza in Lucina, der sich einige Zeit zuvor bereit erklärt hatte, ihm zu helfen.

Rosetta und die Mutter blieben ein paar Tage in der Wohnung des Friseurs in Testaccio, während der Vater und der Großvater vom Pfarrer der Kirche Santa Maria Liberatrice aufgenommen wurden. Später wechselten alle vier, getrennt, mehrmals den Unterschlupf, und Rosetta wohnte monatelang im Kloster der Barmherzigen Töchter an der Piazza dei Quiriti, wo die Oberin, Schwester Marguerite Bémes, an die heute im jüdischen Staat ein Baum in der Allee der Gerechten erinnert, schon seit längerer Zeit mehrere Juden versteckte. (Man weiß, daß der SS-Mann aufgelöst in die Via degli Scipioni zurückkehrte, an der Wohnung der evakuierten Familie gegenüber klingelte und ein Höllenspektakel veranstaltete: Er wollte um jeden Preis wenigstens das Mädchen mitnehmen, das ungefähr Rosettas Alter hatte.)

In Dänemark konnten die Deutschen von 5600 Juden nicht mehr als 513 verschleppen. Jemand warnte die vorgesehenen Opfer rechtzeitig, und die Dänen setzten sich in großer Zahl in Bewegung, um sie auf der anderen Seite der schmalen Meerenge, die Dänemark von Schweden trennt, in Sicherheit zu bringen. Auch das kleinste Boot, das sich noch über Wasser halten konnte, wurde für geeignet befunden. Und Schweden nahm sie alle auf, ohne zahlenmäßige Begrenzung.

»Diskriminieren, ohne zu verfolgen.« Welch feine Unterscheidung, um die Menschen in Gut und Böse einzuteilen. In Unschuldige und Schuldige. Denn wenn andere dann grausam und wütend »verfolgen«, betrifft das sie, die Henker. Hatte Pilatus sich nicht die Hände gewaschen, um auf diese Weise zu zeigen, daß er »unschuldig« war an Christi Tod?

Es schmerzt, das zu sagen, aber ein schwarzer Rand umrahmt unsere schuldlosen Tage ohne Erinnerung und ohne Geschichte. Und wenn die Levis sich nicht gewehrt haben und sich das Unfaßbare nicht vorstellen konnten, so auch deshalb, weil sie, genauso wie die anderen Römer, auf jene Garantie bauten, die aus Rom eine »offene Stadt« machte. Zu lange hatten sie mit *uns* traurige und glückliche Tage, Ängste, Gemeinheiten und Hoffnungen geteilt. Sie waren gemeinsam mit uns die Treppen hinauf- und hinuntergegangen, hatten mit uns Tee getrunken und, während sie mit dem Löffel in der Tasse rührten, mit uns eine Sprache gesprochen – nicht nur im lexikalischen Sinn, sondern auch im Sinne der Gefühle. Zu lange, um sich *anders* zu fühlen. Wie kann man sich jene ungeheuerliche Einsamkeit vor den SS-Männern vorstellen, vor den Befehlen, die sie, ohne Veränderung in der Stimme, im Zeitraum von zwanzig Minuten auslöschten aus dem Menschengeschlecht?

Niemand hat den Mut aufgebracht, Danneckers Männer aufzuhalten, als sie mit ihren Stiefeln durch das Treppenhaus der Via Flaminia 21 dröhnten und in die Wohnungen einbrachen. Niemand hat die Lastwagen angehalten, als sie davonrollten mit Männern, Frauen, grausam aus dem Schlaf gerissenen Kindern. Pius XII. ist nicht weiß und feierlich am Bahnhof von Trastevere erschienen, um sich vor den auf den Gleisen stehenden

Zug zu stellen und die Abfahrt zu verhindern, so wie er am Tag der Bombardierung von San Lorenzo in der Menschenmenge aufgetaucht war. Die Waggons wurden versiegelt, und der Zug konnte ohne Zwischenfälle abfahren, der Pfiff der Lokomotive hallte durch die Via Salaria.

Pius XII. ist an den Fenstern seines Zimmers sitzen geblieben, wo die Kanarienvögel Hänsel und Gretchen herumflatterten. Nicht einmal mein Vater und meine Mutter, die gewiß Mitleid hatten mit dem Schicksal der Levis, haben auch nur einen Tag lang die Briefmarkenblätter und das Fleisch, das Brot, die Eier vergessen. Und am Abend des 16. Oktober hatte die Schülerin der zweiten Klasse Mittelschule, die der Autorin dieser Zeilen entspricht, als sie zum Rosenkranzbeten gerufen wurde, gestöhnt vor Langeweile wie an jedem anderen Abend und zugelassen, daß ihr die Lider zufielen im Singsang der Avemaria und Paternoster; ohne daß es ihr in den Sinn gekommen wäre, ihren Gott anzuflehen, der ja auch der Gott der Levis und der Della Seta war, er möge ihnen den Würgeengel zu Hilfe schicken. Ohne den geringsten Impuls zu schreien oder etwas zu tun für den Jungen mit dem fröhlichen Blick, der an der Tür klingelte, den Lederfußball unter den Arm geklemmt. Sich zu sorgen um das Schicksal jener grauhaarigen Signora, die in das abgedunkelte, grün tapezierte, einem Wald gleichende Zimmer trat, wo ich mich, fieberheiß, in dem großen Ehebett verlor. Signora Della Seta setzte sich, während Mama stehenblieb und die Arme auf die Stuhllehne stützte, und beide lächelten zufrieden, wenn sie mich aus den Laken auftauchen sahen, um ungeduldig das Geschenk auszupacken.

Die Gedanken jenes kleinen Mädchens, das kein Kind mehr ist (ich bin inzwischen eins sechzig groß und trage Schuhgröße 38), sind an jenem Oktoberabend nicht viel anders als gewöhnlich, kreisen zum allergrößten Teil um die Zettel, die es mit Hilfe eines Systems von Rollen und Schnüren über den Balkon mit den Calcagno-Mädchen tauscht, die ein Stockwerk tiefer wohnen.

Ich weiß nicht, was nach dem 8. September aus Emanuele Muggia geworden ist. Wir haben ihn nicht mehr gesehen. Als wir Ende August aus Brusson abreisten, war er schon nicht mehr da. Zum Glück findet sich sein Name nicht unter den Opfern, die in Liliana Picciotto Fargions Buch *Il libro della memoria* aufgeführt sind, worin die Autorin geduldig versucht hat, zumindest in den Grundzügen das Schicksal jener Italiener zu rekonstruieren, die umkamen, weil sie der »jüdischen Rasse« angehörten. Ich nehme an, daß er sich retten konnte, oder hoffe es jedenfalls, da die Aufzählung notgedrungen unvollständig ist. Aber die Geschichte des »Levi-Jungen« kenne ich genau, weil ich sie, infolge einer jener unvorhergesehenen Begebenheiten, die plötzlich ein Schlaglicht auf die Vergangenheit werfen, durch die Augen eines Mädchens sehen konnte, die bei ihm war an dem Morgen, als man ihn abholte. Sie war eine Cousine, die ihm nahestand wie eine Schwester, denn ihre Eltern waren jeweils zwei Schwestern und zwei Brüder.

Alberta, so heißt sie, war damals vierundzwanzig Jahre alt. Sie war gerade mit ihrer Familie aus Ferrara nach Rom gekommen. Einige Tage zuvor hatte ein deutscher

Soldat in Begleitung eines faschistischen Polizisten die ganze Familie mitten in der Nacht aufgeweckt und mit vorgehaltenem Gewehr überall in der Wohnung nach dem Großvater gesucht, auf dessen Namen das Telefon angemeldet war. Sie schildert hier jenen Morgen: *In einem nach dem 8. September abgeschickten Brief hatte Onkel Mario sehr gedrängt, wir sollten nach Rom fahren. Er hatte sich mit Dante Almansi getroffen, damals Vorsitzender der Union der italienischen jüdischen Gemeinde, der vorschlug, die Verwandten aus Oberitalien nach Rom kommen zu lassen, in der Illusion, daß Rom eine offene Stadt sei und die Alliierten in kurzer Zeit dort eintreffen würden.*

Am 12. Oktober waren wir, um am Bahnhof von Ferrara nicht aufzufallen, mit wenig persönlicher Habe angekommen. Wir hatten keinen Koffer dabei, sondern nur ein bißchen Wäsche in die Handtaschen gestopft, und über dem Arm trug jede von uns einen Wintermantel, in dessen Ärmeln wir ein paar Kleider und ein paar Pullover verstaut und mit Sicherheitsnadeln festgesteckt hatten, damit sie nicht herausrutschten ... Die Wohnung unserer Verwandten war nicht groß, daher beschlossen wir, daß mein Vater vorerst in einer Pension schlafen würde, die Signora Mortara an der Piazza Fiume besaß. Im Zimmer meines Cousins Giorgio machten wir ein Ehebett für Mama, meine Schwester Piera und mich zurecht; Giorgio begnügte sich mit dem Dienstbotenzimmer. Unmittelbar nach unserer Ankunft begannen wir, Arbeit für mich und Piera zu suchen. Sofort fanden wir eine Möglichkeit, Stunden zu geben, aber wir wünschten uns, eine Vollzeitbeschäftigung zu finden, wo wir nicht mit Geld bezahlt wurden, um so das Problem zu lösen, ohne Lebensmittelkarten für alle genug zu essen zu haben, und weil wir dachten, daß es uns getrennt leichter fiele, unterzutauchen. Am 15. beim Abendessen berichteten wir von den Ergebnissen unserer Suche ... Ich hatte eine Signora gefunden, die Freundin einer Freundin, die wegen einer Venenentzündung das Bett hüten mußte und glücklich gewesen wäre, in mir eine Ganztagshilfe im Haushalt zu haben ... Tante Alba, die gewöhnlich recht pessimistisch war, war sehr lebhaft und hoffnungsfroh. Am Nachmittag hatte sie eine Freundin besucht, um ihr zum Namenstag zu gratulieren und ihr tagsüber ihre Wohnung als Versteck für ihren Sohn anzubieten, der Offizier war und am 8. September die Uniform abgelegt hatte. Die Sorge, sich zu verstecken, betraf nur den Tag, nachts war sowieso Ausgangssperre und niemand unterwegs. Ich hörte ihr verblüfft zu, und als ich dann von den Früchten meiner Bemühungen erzählte, staunte ich noch mehr: Tante Alba war unbeugsam: »Solange es diese Wohnung gibt, wirst du bei niemandem als Dienstmädchen arbeiten; ziehe nur die Unterrichtsstunden in Betracht.« Ich vermerke diese Dinge, um zu zeigen, welche Illusionen sich viele noch am 15. Oktober 1943 machten. Die jüdische Angst galt nur den Männern; so verließ Onkel Mario morgens gleich nach der Ausgangssperre das Haus und wanderte so lange wie möglich durch die Stadt, es würde ja sowieso nicht mehr lange dauern, weil die Alliierten bald eintreffen würden. Ich erinnere mich an jenes Abendessen, das letzte Abendessen: wie Tante Alba, immer gesundheitsbewußt, die Kalorien ausrechnete, die wir zu uns genommen hatten, und beschloß, daß wir noch eine Walnuß essen mußten, um den notwendigen Nährwert zu erreichen. Ich erinnere mich, wie Giorgio auf dem Klavier einen Walzer von Chopin spielte, während wir Mädchen das Eßzimmer aufräumten. Seine schönen Hände auf der

156

Tastatur und sein offenes Lächeln sind die letzten Erinnerungen, die ich an meinen Cousin habe, der wie ein Bruder für mich war. Ahnungslos, welche Tragödie uns bevorstand, gingen wir zu Bett. Um sechs Uhr morgens klingelte die SS an der Tür: ich erkannte es an dem außerplanmäßigen Läuten, das mich aus dem Schlaf riß, und ohne einen Augenblick zu zögern, stieg ich aus dem Bett, flüsterte Mama und Piera zu: »Ich kann diesen Schritt nicht noch einmal hören«, und trat auf den Balkon hinaus. Dieser Henkerschritt, der unser Haus in Ferrara entweiht hatte, entschied in jenem Moment über mein Leben. Im Nachthemd drückte ich mich an die Mauer, das Ohr an den Spalt der Fenstertür gelegt, um zu hören, was drinnen vorging. Aber was geschah? Eine harte Stimme sagte: »Kommt! Kommt!« Dann wurde sofort das Fenster hinter mir von innen geschlossen: Mama wollte wenigstens mich retten. Die Stimmen klangen nun gedämpft; ich hörte, wie meine Mutter ausrief: »Mein Carlo, ich werde ihn nicht wiedersehen!« Und dann noch die erregte Stimme von Tante Alba: »Aber nein, den Pelzmantel ziehe ich nicht an, wir gehen doch nicht ins Theater!« Ich verstand sofort, ich konnte gar nicht anders, aber mein Gehirn und meine Gliedmaßen waren wie gelähmt. Mir ist, als sähe ich noch immer, wie sich in einem Haus gegenüber ein Fenster öffnet und eine ahnungslose Frau ein Staubtuch ausschüttelt; und wie sich unten vor dem Tabakladen eine Schlange von Leuten bildet, die darauf warten, daß das Geschäft aufmacht, um mit Berechtigungsschein ihre Zigaretten zu holen. Diese Dinge sahen meine Augen, während Herz und Ohren versuchten, jedes Geräusch wahrzunehmen, das in der Wohnung war. Der Balkon, auf dem ich stand, war lang und schmal und hatte zwei Türen: Eine war die, durch *die ich hinausgegangen war, die andere führte zur Küche, war aber über Nacht abgeschlossen. An einem bestimmten Punkt hörte ich, wie sie aufgerissen wurde, aber niemand kam heraus. Die Stimme des Deutschen wurde deutlicher, sie drängte:* »Kommt, kommt!« *Dann das Geräusch der zufallenden Wohnungstür und, schneidend in der Stille, das mehrmalige Umdrehen des Schlüssels im Schloß. Dann nichts mehr. Ich wartete noch, wie lange, weiß ich nicht, vielleicht nur ein paar Sekunden; die Zeit hatte keinen Wert für mich; dann betrat ich durch die Fenstertür zur Küche (später erfuhr ich, daß mein Cousin Giorgio sie mir geöffnet hatte, da er mein Versteck ahnte) die leere Wohnung, in der ein unbeschreibliches Durcheinander herrschte. Es war nur eine Viertelstunde vergangen, die längste meines Lebens, und je länger sie zurückliegt, um so mehr schäme ich mich dafür. Ich lief zur Tür: sie war verriegelt und nur mit dem Schlüssel zu öffnen. Ich wollte sofort weg, da ich dachte, die Deutschen würden wiederkommen, um die Wohnung zu plündern. Ich ging zurück in das Zimmer, in dem ich geschlafen hatte, und begann, die Laken aneinanderzuknoten, um mich von dem Balkon, wo ich versteckt gewesen war, auf die große Terrasse des darunterliegenden Stockwerks abzuseilen. Ich war noch im Nachthemd, ich mußte mich anziehen. Zwischen meinen Kleidern, die ich am Vorabend auf einen Stuhl gelegt hatte, fand ich die Hausschlüssel. In dieser dramatischen Viertelstunde hatte Tante Alba noch Zeit gehabt, auch daran zu denken... Die zusammengeknoteten Laken waren nicht mehr nötig, ich konnte durch die Tür hinausgehen und schnell machen, schnell, um meinen Vater zu suchen. Als ich die Tür hinter mir schloß, öffnete sich die Tür der Wohnung gegenüber. Baron Sava und seine Familie, von dem unge-*

wöhnlichen Geräusch geweckt, hatten die Deportation ohnmächtig durch das Schlüsselloch mit angesehen, und als sie mich, allein, sahen, öffneten sie die Tür, um mir zu helfen. Ich bat nur, meinen Vater anrufen zu dürfen, und sagte ihm, er solle sofort das Haus verlassen, ich würde zu ihm kommen. Er begriff nicht. Wie sollte er? Er dachte, auch wir waren benachrichtigt worden, daß wir das Haus verlassen sollten. Er ging, wartete aber nicht auf mich. Mein Gastgeber wollte noch meinen Personalausweis fälschen: aus Levi wurde Levigati, und er erklärte mir, wie man mit der Straßenbahn zur Piazza Fiume gelangte. Mein Vater stand nicht vor der Tür der Pension. Ich ging hinauf und erfuhr von Signora Mortara, daß er in die Via De Pretis gegangen war, zu einem alten Kameraden aus dem Krieg 1915–18, der ihm angeboten hatte, bei ihm zu arbeiten. Es war Viertel nach sieben. Ich erzählte Signora Mortara in ein paar Worten die Tragödie und bat sie, ebenfalls sofort das Haus zu verlassen, wie ich es übrigens schon bei meinem Anruf vorgeschlagen hatte. »Ich bin über achtzig, was wollen die mit mir?« Aber sie folgte meinem Rat, und zwar gerade noch rechtzeitig, denn um neun klopfte man auch an ihre Tür. Ich machte mich wieder auf, diesmal zu Fuß, um in die Via De Pretis zu gelangen, ohne die Hausnummer zu wissen, ohne mich an den Namen von Papas Freund erinnern zu können. Ich wußte nur noch, daß er eine vierzehnjährige Tochter hatte, die Nanú hieß. Meine Beine trugen mich voran, als ich aber an der Ecke Via Quattro Fontane nach dem Weg fragte, merkte ich, daß mir die Stimme versagte. Ich entsinne mich des verwunderten Blicks der Frau, an die ich mich tonlos wandte. Ich kam am Viminal vorüber, wo sich gerade fast leere Lastwagen mit wenigen SS-Männern in Bewegung setzten; ich dachte, daß sie vielleicht zu *weiteren Razzien fuhren. Endlich in der Via De Pretis angekommen, wollte ich ins erste Haus hineingehen, um den Portier zu fragen, ob dort ein vierzehnjähriges Mädchen namens Nanú wohnte, als mein Vater vor mir stand. Ich fand noch die Kraft, auf sein fragendes Lächeln zu antworten. Er wartete auf seinen Freund. Ich sagte zu ihm, wir müßten hinaufgehen. »Um acht Uhr morgens? Um diese Zeit darf man noch nicht stören!« Er bemerkte, daß ich wie versteinert war, und folgte mir ins Haus. Als sich endlich die Tür des Aufzugs schloß und wir ins oberste Stockwerk fuhren, kam die entsetzliche Wahrheit heraus, und indem ich sie aussprach, wurde sie in meinem Verstand Wirklichkeit: »Wir sind allein, du und ich.«*

Die Levis, die die Deutschen in der Via Flaminia 21 abholten, wurden in das Collegio Militare in der Via della Lungara gebracht, wo sich die großen leeren Räume nach und nach mit den am Morgen Verhafteten füllten. Die Mutter und Piera standen jedoch auf keiner der Listen von römischen Juden, und als eine Stimme aufforderte: »Alle Katholiken aus Mischehen ins Nebenzimmer kommen«, wurden sie, obwohl dieselbe Stimme sofort hinzufügte, daß für jeden, der ohne Berechtigung versuchen würde, als Katholik durchzugehen, umgehend zehn Juden vor Ort hingerichtet würden, von Tante Alba überredet, vorzutreten. Während sie auf das Verhör warteten, sprachen Mutter und Tochter die Antworten ab. Piera ging aufs Klo in der Hoffnung, die Ausweise hineinwerfen zu können, aber die Klos waren verstopft, und so aß sie, nachdem sie sie in winzigkleine Stückchen zerrissen hatte, Namen und Photographien. Dannecker, der sie am Nachmittag mit Hilfe eines zweisprachigen Häftlings verhörte, erzählten sie, sie seien Bologneserinnen und hätten alles, einschließlich der Papiere, in dem schrecklichen Bombardement vom 25. September verloren, das Bologna fast zerstört hätte. Sie seien katholisch, erklärten sie, die Mutter sei Arierin und Piera also Tochter einer Mischehe; sie befänden sich nur in Rom, weil sie, da sie nichts mehr besaßen, auch kein Dach über dem Kopf, die Verwandten ihres Mannes beziehungsweise Vaters um Gastfreundschaft gebeten hatten.

Man glaubte ihnen. Eilig ließen sie die Koffer mit den wenigen, in der Panik des Morgens zusammengepackten Sachen stehen, und von Angst gebeutelt fanden sie sich kurz vor der Ausgangssperre auf der Straße wieder. Es blieb ihnen gerade noch genug Zeit, um die Wohnung des ehemaligen Kriegskameraden des Vaters zu erreichen, wo sie Alberta und den Vater wiederfanden und wo sie einige Tage blieben, bis es ihnen gelang, falsche Ausweise zu bekommen.

Lange habe ich versucht, etwas über das Schicksal von Signora Della Seta zu erfahren. Niemand war zurückgekommen, und die Wohnung in der Via Flaminia war verkauft worden; viele der nach Auschwitz Deportierten hießen Della Seta, und ich kannte den Vornamen der Signora nicht. Zuletzt, als ich nicht mehr darauf hoffte, habe ich ihre Spur wiedergefunden. In jenem Oktober 1943 hatte sich Eva Della Seta zusammen mit ihrem Bruder in eine Villa geflüchtet, die sie in Chianni, in der Provinz Pisa, besaßen, und weitere Familienmitglieder waren nachgekommen. Insgesamt acht Personen, darunter ein sechzehnjähriger Junge. Jemand aus dem Dorf hatte sie verraten oder vielleicht verkauft, um die wenigen tausend Lire einzustecken, die ihr Leben wert war. Es gibt keine Überlebenden mehr, die es erzählen könnten. Am 20. April 1944, vermutlich im Morgengrauen, sind sie abgeholt und nach Florenz ins Gefängnis gebracht worden. Von Florenz sind sie, an einem unbestimmten Datum, in das Konzentrationslager Fòssoli in der Provinz Modena überstellt worden, wo Signora Della Seta am 10. Mai 59 Jahre alt wurde. Am 15. befahl der Lagerkommandant, Karl Titho, den Häftlingen, sich bereitzuhalten, Fòssoli am nächsten Morgen zu verlassen: »Endlich«, sagte er, »ist der Transportbefehl gekommen, ihr werdet in Deutschland arbeiten für das große deutsche Ziel, für den Endsieg ...«

Der aus zahlreichen, mit Stroh ausgelegten Güterwagen bestehende Zug hat Florenz am 16. Mai verlassen. Die Reise schildert Keller, einer der Ordnungspolizisten, die den Transport begleiteten. Dies ist ein Teil der Aussage, die Keller im Prozeß gegen Friedrich Bosshammer machte, den Sturmbannführer, der für die Deportationen aus Italien verantwortlich war: ... *Der Transport hat erstmals in München-Ost längere Zeit gehalten. Wir waren bis München-Ost etwa zwölf bis sechzehn Stunden unterwegs gewesen ... In München-Ost wurden die Transportinsassen jeweils waggonweise herausgelassen, um ihre Notdurft zu verrichten. Sie mußten dies auf den Gleisen tun, die danach völlig verschmutzt waren ... In München-Ost teilte ich auch erstmals Verpflegung aus ... Die Verpflegungsausgabe hat danach noch etwa zwei- bis dreimal stattgefunden ... Zusätzlich haben wir noch später bei den Frontleitstellen warme Suppen beschafft und an die Waggons verteilt. Zur Verrichtung der Notdurft standen aber nur die Zeiten zur Verfügung, in denen der Zug hielt. Dies geschah öfter, mindestens einmal am Tag.*

Die Weiterfahrt von München ist erst am nächsten Morgen erfolgt. Sie ging dann über Landshut nach Marienbad-Aussig in Richtung Schlesien, an Breslau vorbei. Längere Aufenthalte, in denen die Juden herausgelassen werden konnten, sind bei Auschwitz und Breslau gewesen. Bis zum Ausladen in Auschwitz hat der Transport mindestens vier Tage gedauert (In Wirklichkeit dauerte er fünf Tage)... Als wir vor Auschwitz ankamen, war die Strecke voll von anderen Transportzügen. Wir haben eine ganze Nacht vor der Ausladerampe im Lager mit dem Zug gestanden, bis wir in das Lager einfuhren. Im Lager selbst blieb der Zug wieder den ganzen Tag und die Nacht stehen, bis er entladen wurde. Wir, das heißt das Begleitkommando, hatten dadurch viel Zeit, das Entladen der anderen Züge und die weiteren Vorgänge nach deren Entladung zu beobachten. Es handelte sich um Züge mit Juden aus Ungarn und aus Holland. Die Öffnungen der Güterwaggons waren mit Stacheldraht verkleidet. Die Insassen müssen großen Durst gehabt haben, denn ich sah, wie Hände durch den Stacheldraht gestreckt wurden, um die Regentropfen von den Dächern – es war sehr schlechtes Wetter – aufzufangen.

Auf die Vorgänge bei den Entladungen der anderen Züge machte unser Transportführer aufmerksam. Er war völlig entsetzt und sprach von einer großen Schweinerei. Auf Grund seines Hinweises sah ich dann, wie aus einem Zug aus Ungarn die Transportinsassen von Lagerhäftlingen mit Knüppeln aus den Waggons getrieben wurden und wie sie teilweise alte Leute und Kinder einfach herauswarfen. Ich sah dann weiter, daß sie in Gruppen zu einem in der Nähe gelegenen Platz kamen, wo mehrere SS-Offiziere in langen Mänteln mit einem Stock die Juden in zwei Gruppen aufteilten, indem sie, was deutlich

163

zu sehen war, die jüngeren kräftigen jüdischen Frauen und Männer auf die eine Seite winkten und die älteren sowie die Kinder auf die andere Seite. Es war deutlich zu erkennen, daß es sich bei den einen um voll arbeitsfähige Personen und bei den anderen um nicht voll arbeitsfähige Personen handelte. Während die Gruppe der Arbeitsfähigen zu Baracken geführt wurde, wurden die anderen in Gruppen zu einer großen Halle mit großen eisernen Türen geführt, die sich offensichtlich automatisch öffneten und schlossen. In diese Halle wurden die Juden von Lagerinsassen mit Gewalt unter Benutzung von Knüppeln und mit Schlägen hineingedrängt. Die Juden schrien und jammerten laut. Als ich dies sah, ging ich in Richtung dieser großen Tore und sah dann durch die geöffneten Tore, während immer mehr Juden hineingepreßt wurden, daß die Juden sich im Innern nackt auszogen oder schon nackt waren ... Durch Lagerinsassen auf der Wache, in der wir uns längere Zeit aufhielten, erfuhr ich dann, daß die große Halle eine Gaskammer wäre, in der die Juden, nachdem man den Frauen noch die Haare geschnitten hatte, durch Gas getötet wurden ... daß zur Zeit so viele Transporte kämen, daß man [es] mit der Vergasung und der Verbrennung der Leichen in den Krematorien hinter den Gaskammern kaum schaffe. Die Leichen mußten zum Teil mit Flammenwerfern verbrannt werden ... Die Gebrechlichen aus dem Transportzug waren zum Teil auf der Rampe und auf den Gleisen liegengeblieben. Keiner kümmerte sich um sie. Sie lagen die ganze Nacht dort, erst am Morgen wurden sie weggeschafft. Sie waren da wohl schon überwiegend tot. Beim Ausladen unseres Transportzuges ging es genauso zu.

Eva Della Seta Di Capua ist wahrscheinlich gleich nach dem Aussteigen aus dem Zug in die Gaskammer gegangen, am 23. Mai 1944.

Giorgio Levi, der im November siebzehn Jahre alt geworden wäre, blieb bis zum 18. Oktober im Collegio Militare in der Via della Lungara, dann wurde er gezwungen, mit fünfzig weiteren Häftlingen in einen der Güterwagen zu steigen, die auf einem toten Gleis am Bahnhof Roma-Tiburtina bereitstanden. In der Nacht vom 22. Oktober kam er in Auschwitz-Birkenau an, wo der Zug bis zum Morgengrauen des nächsten Tages versiegelt stehenblieb. Zusammen mit 149 weiteren Deportierten zur Arbeit ausgesondert, wurde ihm die Nummer 15874 auf den Arm tätowiert. Er starb an einem unbekannten Ort, seine Spuren verlieren sich am 29. Dezember 1943.

Mario Levi war fünfundfünfzig Jahre alt und traf in der Nacht vom 22. Oktober 1943 im selben Waggon wie seine Frau und sein Sohn in Auschwitz-Birkenau ein. Aber seine Registrierungsnummer ist nicht mehr feststellbar. Auch er starb an einem unbekannten Tag und Ort.

Alba Levi Ravenna war zweiundfünfzig Jahre alt, und nachdem sie im Collegio Militare in der Via della Lungara eingesperrt gewesen war, wurde sie am 18. Oktober mit demselben Transport wie ihr Mann und ihr Sohn deportiert. Sie ging sofort nach ihrer Ankunft in Auschwitz-Birkenau in die Gaskammer, am 23. Oktober 1943.

Nach Kriegsende war Pius XII. im Jahr 1954 Protagonist eines Films mit dem Titel *Pastor Angelicus*, der vom katholischen Filmzentrum in Gedda produziert wurde. In emphatischem Ton und mit erhabenen Bildern werden in dem Film einige Momente aus dem Leben Pius' XII. geschildert, der, wie es im Vorspann heißt, jener »Pastor Angelicus« ist, von dem eine alte Prophezeiung kündet. Der Film ist eine Folge von Bildern und Musik, und der Krieg erscheint wie eine geheimnisvolle Naturkatastrophe, ein Feuersturm ohne Protagonisten oder Schuldige, zur reinen Verherrlichung der Taten des Papstes.

Rom, 25. März 1997

Anmerkung

Diese autobiographische Erinnerung ist kein Essay, aber auch keine erfundene Erzählung, und bezieht sich ausdrücklich auf wirklich geschehene Tatsachen und Vorkommnisse. Ich sah mich daher der Notwendigkeit gegenüber, meine Erzählung ständiger Überprüfung zu unterziehen, und aus philologischer Sorgfaltspflicht, aber vor allem, um dem Leser einen Dienst zu erweisen, führe ich hier die Hauptwerke auf, denen die Angaben bezüglich der erzählten Ereignisse entnommen sind, und nenne die wichtigsten Dokumente.

Die Angaben über die Rassengesetze in Italien sind entnommen aus: *La legislazione antiebraica in Italia e in Europa*, in Atti del Convegno nel cinquantenario delle leggi razziali (Rom, 17.–18. Oktober 1988) Hg. Camera dei Deputati, Rom 1989. Und aus: Michele Sarfatti, *Mussolini contro gli ebrei*, in *Cronaca dell'elaborazione delle leggi del 1938*, Silvio Zamorani editore, Turin 1994.

Die Angaben über den zweiten Weltkrieg stammen aus den Bänden von Winston Churchill, *Der Zweite Weltkrieg*, aus dem Englischen von I. Muehlon u. a., Scherz & Goverts, Stuttgart–Hamburg 1949–1954.

Die Angaben über die Juden von 1933 bis 1945 sind entnommen aus: Renzo De Felice, *Storia degli ebrei italiani sotto il fascismo*, Einaudi, Turin 1988; Raul Hilberg, *Die Vernichtung der europäischen Juden*, aus dem Amerikanischen von Ch. Seeger u. a., Olle & Wolter, Berlin 1982;

Liliana Picciotto Fargion, *Il libro della memoria*, Mursia, Mailand 1991; *Le menzogne della Razza. Documenti e immagini del razzismo e antisemitismo fascista*, hrsg. vom Centro Furio Jesi, Grafis edizioni, Bologna 1994; Georges Bensoussan, *Histoire de la Shoa*, Presse Universitaire de France, Paris 1996; Gianni Campus, *Il treno di Piazza Giudia*, in *La deportazione degli ebrei di Roma*, Edizioni L'Arciere, Cuneo 1995; Pietro Nastasi, *Giornate di Storia della Matematica*, in Atti del Convegno, Hotel San Michele, Cetraro, 8.–12. September 1988, Typoskript, Dipartimento di Matematica, via Archirafi, 34, Palermo; Id., *La Comunità matematica italiana di fronte alle leggi razziali*, Typoskript, Dipartimento di Matematica, via Archirafi, 34, Palermo.

Die Geschichte der Enzyklika *Humani Generis Unitas* ist entnommen aus: Georges Passelecq und Bernard Suchecky, *Die unterschlagene Enzyklika. Der Vatikan und die Judenverfolgung*, Vorwort von Émile Poulat, aus dem Französischen von Markus Sedlaczek, Carl Hanser Verlag, München Wien 1997.

Die Geschichte des Protests der holländischen Bischöfe vom 11. Juli 1942 ist entnommen aus: Raul Hilberg, *Die Vernichtung der europäischen Juden* cit., und aus: Henri Fabre, *L'église catholique face au fascisme et au nazisme*, Henri Fabre et Edition EPO, Brüssel 1995 (Für die deutsche Ausgabe, s. auch Gerhard Schoenberner, *Der gelbe Stern*, Rütten & Loening, Hamburg 1960, S. 108). Für die Proteste des Klerus der anderen Länder wird auf die nachstehend gesondert aufgeführten Zitate verwiesen.

Im folgenden werden die bibliographischen Quellen der Zitate genannt, die im Text ohne genaue Angabe erscheinen:

S. 17, »Wiedergutmachung … der Ungerechtigkeiten«, vgl. in Giovanni Miccoli, *Santa Sede e Chiesa italiana di fronte alle leggi antiebraiche del 1938*, in *La legislazione* cit., S. 183.

S. 27, »Die Kirche wird …«, in Fabre, *L'église catholique face au fascisme et au nazisme* cit. und in Passelecq und Suchecky, *Die unterschlagene Enzyklika* cit., S. 83 – 84.

S. 37, »in unserer Zeit angebrachten Segregation …«, in De Felice, *Storia degli ebrei italiani sotto il fascismo* cit., S. 324.

S. 42, »Gelitten? Es hat nicht gelitten …«, in Giorgio Israel, *Politica della razza e persecuzione antiebraica nella comunità scientifica italiana*, Atti del Convegno nel cinquantenario delle leggi razziali cit., S. 123.

S. 44, »übertriebenen Nationalismus«, in Miccoli, *Santa Sede e Chiesa italiana di fronte alle leggi antiebraiche del 1938* cit., S. 208 und in Passelecq und Suchecky, *Die unterschlagene Enzyklika* cit., S. 143.

S. 45, »wie es kommt, daß Italien, unglücklicherweise …«, in Miccoli, *Santa Sede e Chiesa italiana di fronte alle leggi antiebraiche del 1938* cit., S. 209 und in Passeleq und Suchecky, *Die unterschlagene Enzyklika* cit., S. 144.

S. 46, »Das Opfer Abels …«. Die Episode und die Zitate der Begegnung mit den Pilgern des belgischen katholischen Rundfunks sind entnommen aus: Passelecq und Suchecky, *Die unterschlagene Enzyklika* cit., S. 160 und aus Miccoli, *Santa Sede e Chiesa italiana di fronte alle leggi antiebraiche del 1938* cit., S. 212.

S. 48, »Was die Innenpolitik angeht ...«, in *Balconi e cannoni. I discorsi di Mussolini*, Videokassette L'Espresso-Istituto Luce, Zweiter Teil.

S. 48, »Ich erkläre, daß dieser Papst ...«, in De Felice, *Storia degli ebrei italiani sotto il fascismo* cit., S. 303.

S. 60, »Was gestern war ...«, in Passelecq und Suchecky, *Die unterschlagene Enzyklika* cit., S. 161, Fn. 72.

S. 61, »Der Heilige Vater hat im Augenblick ...«, in Jacques Nobécourt, *Le Vicaire et l'Histoire*, Éditions du Seuil, Paris 1964.

S. 69, »... eine Presse, die alles ...«, in Pietro Scoppola, *La Chiesa e il Fascismo*, Laterza, Bari 1973, S. 338.

S. 70, »ein dem Kreuz Christi ...«, in Passelecq und Suchecky, *Die unterschlagene Enzyklika* cit., S. 170.

S. 70, »Ich sitze oft hier ...«, in Rolf Hochhut, *Der Stellvertreter*, Rowohlt, Reinbek bei Hamburg 1963, S. 259.

S. 73, »Die Kirche wird verfolgt ...«, in Hugh Thomas, *Storia della guerra civile spagnola*, Einaudi, Torino 1964, S. 443.

S. 97, »Die Menschen unter fünfunddreißig Jahren ...«, in Andrea Ricciardi, *Il potere del Papa da Pio XII a Paolo VI*, Laterza, Bari 1988 und in Saul Friedländer, *Pius XII. und das Dritte Reich*, Rowohlt, Reinbek bei Hamburg 1965, S. 49–50.

S. 98, »Es wäre unangebracht ...«, in Saul Friedländer, *Pius XII. und das Dritte Reich* cit., S. 72 f.

S. 104, »Der Nuntius fragte mich heute ...«, in Saul Friedländer, *Pius XII. und das Dritte Reich* cit., S. 62.

S. 104, »Gewiß, es fehlt mitten in dem Dunkel ...«, in Saul Friedländer, *Pius XII. und das Dritte Reich* cit., S. 62.

S. 115, Brief von Adam Sapieha. Bericht von Don Pirro

Scavizzi, in *Pio XII. mi ha detto*, Rom, Mai 1964. Erneut veröffentlicht in »Il Tempo«, 1. Juni 1986.

S. 118, »Meine Predigt ist kurz ...«. Wie die anderen Proteste des französischen Klerus vom Juli 1942, aus Saul Friedländer, *Pius XII. und das Dritte Reich* cit., S. 86.

S. 138, »Was wird der Heilige Stuhl ...«, in Picciotto Fargion, *Il libro della memoria* cit., S. 817.

S. 138–139, »Kaum hatte der Heilige Stuhl Nachricht ...«, in De Felice, *Storia degli ebrei italiani sotto il fascismo* cit., S. 478.

S. 155, »In einem nach dem 8. September ...«, aus dem Typoskript von Alberta Temin Levi.

S. 162, »Endlich ... ist der Transportbefehl ...«, in Picciotto Fargion, *Il libro della memoria*, cit., S. 857.

S. 162–164, »*Der Transport hat erstmals* ...«, in Picciotto Fargion, *Il libro della memoria* cit., S. 857–859. Besonderer Dank gilt Liliana Picciotto Fargion für ihre Mithilfe an der deutschen Ausgabe: Sie hat im Archiv des Jüdischen Dokumentationszentrums Mailand das deutsche Originalzitat der Aussage von Keller herausgesucht.

Ich möchte hier dem Centre de Documentation Juive in Paris meine Dankbarkeit aussprechen für die große Hilfsbereitschaft und die wertvolle Unterstützung bei der Textsuche. Ein besonderer Dank auch an das Centro Culturale ebraico in Rom, Benny Lai, Pietro Scoppola, Adriano Prosperi, Frediano Sessi, Corrado Vivanti, Pier Vittorio Ceccherini, Susanna Silberstein, Ivette und Giacomo Saban, Mirella Tagliacozzo Calò, Alberta Temin Levi und Rosetta Ajò Sermoneta.

Namenregister